I0542765

DER UNSICHTBARE EINFLUSS DEINES INNEREN KINDES

INNERES KIND VERSTEHEN UND HEILEN - WIE DU MIT DIR SELBST INS REINE KOMMST, UM BEFREIT IM HIER UND JETZT ZU LEBEN

JOHANNES FREITAG

© Copyright: Johannes Freitag 2022 – Alle Rechte vorbehalten.

1. Auflage

Das Werk, einschließlich seiner einzelnen Teile, ist urheberrechtlich geschützt. Jegliche Verwertung ist ohne Zustimmung des Rechteinhabers unzulässig. Dies gilt insbesondere für die elektronische oder sonstige Vervielfältigung, Übersetzung, Verbreitung und öffentliche Zugänglichmachung.

INHALT

DEIN KOSTENLOSES DANKBARKEITSTAGEBUCH

„NICHT DIE GLÜCKLICHEN SIND DANKBAR. ES SIND DIE DANKBAREN, DIE GLÜCKLICH SIND!"

Francis Bacon

Nur ein paar Minuten täglich, für ein glücklicheres und erfolgreicheres Leben. Lade dir hier (als Gratis Bonus, exklusiv für Leser von Johannes Freitag's Büchern) dein KOSTENLOSES Dankbarkeitstagebuch herunter:

www.johannes-freitag.de/dankbarkeitstagebuch

Öffne ganz einfach deine Handkamera-App und richte den Fokus auf den QR code

JOHANNES FREITAG

EINLEITUNG

„Es ist nie zu spät für eine glückliche Kindheit."

— ERICH KÄSTNER

Manchmal hat das Leben etwas von einer Tour in der Geisterbahn. Wir alle wissen eigentlich, was uns darin erwartet. Aber trotzdem können uns die Erlebnisse dort drin, halbwegs orientierungslos im Dunkeln, ganz schön verunsichern. Und niemand kann behaupten, er hätte es nicht kommen sehen!

Ähnlich ist dies auch in Bezug auf psychische Erkrankungen. Die Zahlen und Fakten sprechen hier eine eindeutige Sprache. Jeder kann sich die alljährlichen Berichte der WHO anschauen oder die Auswertungen der Krankenkassen durchblättern und hat es dann schwarz auf weiß: Psychische Erkrankungen sind extrem auf dem Vormarsch! Inzwischen sind sie die Hauptursache für Krankschreibungen und in der Regel auch der Grund, wieso jemand in Frührente gehen muss. Bis vor wenigen Jahren hat niemand über so eine Sache wie Burn-out gesprochen, inzwischen ist dieser Erschöpfungszustand in aller Munde. Das Leben sei zu schnell, zu hektisch, zu herausfordernd, heißt es dann oft. Häufig wird sogar hinter vorgehaltener Hand gemunkelt, ein Burn-out sei doch bloß eine schicke Formulierung für eine Depression. Doch wer kann sich schon leisten, an so etwas zu erkranken, in einer Gesellschaft, die nachweislich immer narzisstischere Züge annimmt. Höher, schneller, weiter, immer noch mehr leisten! Ohne Ellenbogen bist du ein Versager und lässt dich bloß unterbuttern!

Ich muss gestehen, ich war tatsächlich lange Zeit genau auf diesem Kurs unterwegs. Ich hatte studiert, einen guten, verantwortungsvollen Job – doch mit einem Mal brach durch einen Schicksalsschlag mein komplettes Leben wie ein Kartenhaus zusammen. Auf meinem mühsamen Weg zurück ins Leben musste ich erkennen, wie wichtig meine Wurzeln sind und dass es ganz entscheidend ist, sich damit zu versöhnen. Nur so können wir endlich ein von Altlasten freies, ein selbstbestimmtes Leben führen und auf unser volles Potenzial zurückgreifen.

Sicherlich ist es dir auch schon einmal so gegangen wie mir neulich: Ich war an diesem Tag auf einer Feier, die Stimmung war eigentlich entspannt und ausgelassen. Das Buffet war bereits ziemlich geplündert und ich freute mich sehr, als ich sah, dass noch eine letzte Panna Cotta übrig geblieben war. Ich liebe dieses italienische Dessert! Zwar sah ich aus dem Augenwinkel, dass eine ältere Dame ebenfalls herangekommen war und offensichtlich ebenfalls Interesse an einem Nachtisch hatte, doch als erklärter Panna-Cotta-Fan dachte ich: Wer zuerst kommt, mahlt zuerst! Und kurzerhand griff ich zu. Zufrieden ging ich dann mit dem Dessert in der einen Hand und einem Löffel in der anderen zu einem der umstehenden Tische – da hagelte es bereits tadelnde Worte hinter mir. „Wie unhöflich kann man eigentlich noch sein?! Der feine Herr hat wohl komplett seine Kinderstube vergessen!"", wütete die offensichtlich enttäuschte ältere Frau hinter mir. „Na, das sind ja feine Manieren. So gierig zu sein, ist ja absolut unglaublich. Bloß alles selber in sich reinstopfen, wenn man was umsonst bekommen kann!"

Ganz ehrlich, mich überlief es in diesem Moment heiß und kalt. Meine Wangen begannen zu glühen und der Löffel bis eben noch so köstlicher Panna Cotta in meinem Mund verwandelte sich in einen Klumpen, der immer größer wurde. So groß, dass ich schon einen leichten Würgereiz verspürte. Außerdem duckte ich mich instinktiv ein wenig und zog den Kopf ein, fast als wollte ich regelrecht in Deckung gehen bei dieser Schimpftirade.

Noch Tage später hing mir diese eigentlich doch so nebensächliche Episode noch immer nach. Wie aus heiterem Himmel überkamen mich dann die Worte und die Gefühle und mein Magen krampfte sich jedes Mal zusammen. Auch die Lust auf Panna Cotta war mir erst mal so gründlich vergangen, dass ich sogar ablehnte, als meine Lebensgefährtin mich damit überraschen wollte.

Sie war es auch, durch die ich den Schlüssel bekam, um die Sache letztlich zu verstehen. Die Szene am Buffet hatte mein inneres Kind mit einer derartigen Heftigkeit aktiviert, dass es regelrecht körperlich schmerzte. Tatsächlich hatte ich mich mit einem Mal wieder so gefühlt wie damals, als ich mir als 7-Jähriger das letzte Stück Geburtstagstorte nahm – und meine Mutter mich am Ende vor lauter Wut übers Knie legte. Eine Situation, die mich mehr geprägt hatte, als ich es jemals angenommen hätte.

Tatsächlich haben wir alle ein inneres Kind in uns. Unbewältigte Gefühle und Erlebnisse aus der Kindheit, die uns auch heute noch aufs intensivste prägen und unsere Sicht auf uns selbst und unser Leben bestimmen. Inzwischen wissen die Psychologen, dass genau diese Anteile in uns wesentlich sind dafür, ob wir psychisch erkranken, unzufrieden mit uns selbst sind, Probleme in Beziehungen haben oder unser volles Potenzial nicht ausschöpfen können.

Ist das genau der Grund, weshalb du jetzt gerade diese Zeilen liest? Weil du festgestellt hast, dass in deinem Leben etwas nicht rund läuft? Dass du immer an die gleichen Menschen gerätst, die dir aber gar nicht guttun? Dass du dich nicht traust, all deine Möglichkeiten auszuspielen, sondern immer brav und bescheiden darauf wartest, von einem anderen bemerkt und anerkannt zu werden? Oder fällt es dir unglaublich schwer, dir Ziele zu setzen und diese zu erreichen? Wirst du immer wieder mit einem Gefühl der Hilflosigkeit konfrontiert oder fragst dich sogar verzweifelt, warum du dich ständig selbst sabotierst, und hast ein wenig deine eigene Vergangenheit im Verdacht als möglicher Auslöser für sämtliche dieser Probleme?

Ich kann nur sagen: Volltreffer! Du hast definitiv den richtigen Riecher, wie es so schön heißt.

Allgemeiner Hinweis: Wenn du unter extremen Traumata aus der Vergangenheit (Gewalt, Missbrauch…) und/oder psychischen Krankheiten leiden solltest, aber auch, wenn du dich im Laufe des Textes mit dem Inhalt überfordert fühlst, suche bitte den Rat eines psychologisch ausgebildeten Experten auf.

Für viele ist es im ersten Moment fast ein beinahe schon absurder Gedanke, sich als gestandener Erwachsener, der mit beiden Beinen im Leben steht und Verantwortung in Familie und Job trägt, plötzlich mit einem „inneren Kind" zu befassen. Es geht hierbei aber nicht darum, plötzlich „kindisch" zu werden und womöglich albern herumzukichern. Das innere Kind ist eine Metapher für all die Prägungen, die wir als Kind erfahren haben – gute und negative, hilfreiche und verletzende. Diese wiederum bestimmen unsere Sicht auf die Welt und können somit gravierende Konsequenzen nach sich ziehen. Doch diese ungesunden

Verhaltensweisen sind nicht für alle Ewigkeit festgeschrieben – du kannst sie ändern.

Wer es auf sich nimmt, sich mit seinem inneren Kind auseinanderzusetzen und sich mit ihm zu versöhnen, dem eröffnet sich dadurch eine völlig neue, eine freie Welt. Denn du hast es so in der Hand, endlich den Ballast negativer Glaubenssätze über Bord zu werfen und zu dem Menschen zu werden, der du eigentlich bist. Wie genau du das schaffst, erfährst du in diesem Ratgeber.

Auf einer spannenden Reise in dein Innerstes und zu deinen ureigensten Erinnerungen und Prägungen wirst du nicht nur erfahren, was genau das innere Kind ist, sondern bekommst außerdem Optionen an die Hand, um mit diesem in Kontakt zu treten. Du lernst, wie stark dich deine Kindheitsprägungen und -traumata auch heute noch beeinflussen – und wie man sie gegen reine Kindheitserfahrungen abgrenzt. Das eigene innere Kind kennen und lieben zu lernen, ist der Königsweg, um endlich der Mensch zu werden, der wirklich in dir steckt. Und du hast es so in der Hand, deine Zukunft von nun an selbst zu bestimmen.

Durch diese Auseinandersetzung wirst du dich besser selbst verstehen und lernst zudem, Probleme zu erkennen, die du dir selbst bereitest – und wie du sie effektiv auflöst.

Lohnt es sich wirklich? Aber ja!

Nach dem Tod meiner Frau war schlagartig mein komplettes Leben, so wie ich es gekannt hatte, vorbei. Der Verlust hatte mir regelrecht den Boden unter den Füßen weggerissen. Ich schaffte es kaum, mich angemessen um meine beiden Kinder zu kümmern. In der Trauergruppe, die mich damals auffing, kam die Rede dann auf die Arbeit mit dem inneren Kind. Viele berichteten, wie wertvoll das für sie gewesen sei. Erst war ich skeptisch, doch ich dachte mir: Hey, was soll's? Ich habe ja keine Alternative …

Ich muss ganz ehrlich sagen, der Effekt hat mich damals sprachlos gemacht! Ich blicke seither ganz anders auf die Welt. Nicht nur habe ich das traumatische Erlebnis überwunden, ich achte auch mehr auf mich selbst und meine Bedürfnisse. Kann so viel besser mit meinen eigenen Gefühlen umgehen, fühle mich rundum freier und lebe einfach selbstbestimmter. „Ganz nebenbei" bin ich inzwischen ebenfalls ein deutlich besserer, entspannterer Vater geworden. Der alles tut, damit seine eigenen Kinder keine dieser nachhaltigen seelischen Verletzungen erleben müssen.

Bist du schon neugierig geworden, wie du die Arbeit mit dem inneren Kind für dich nutzen kannst? Wunderbar, dann freue dich auf die nächsten Seiten!

1
WER IST EIGENTLICH DIESES INNERE KIND?

„Die Eindrücke der Kindheit wurzeln am tiefsten."

— KARL EMIL FRANZOS

*H*eutzutage ist das „innere Kind" gewissermaßen in aller Munde. Nahezu jeder hat davon schon einmal gehört. Doch nur die wenigsten haben eine konkrete Vorstellung, was genau damit gemeint ist. Da diese Idee in den letzten Jahren immer populärer wurde, entsteht leicht der Eindruck, es würde sich hierbei um ein ganz neues psychologisches Konzept handeln. Eine Art Allheilmittel, das für und gegen jede seelische Problematik hilft. Die meisten sind dann aber umso überraschter, wenn sie einmal einen genaueren Blick auf dieses Modell werfen. Denn es ist deutlich komplexer und tief greifender, als man zunächst denkt. Dafür ist es allerdings – richtig angewendet! – ein großartiges Mittel, um sich nachhaltig von destruktiven Verhaltensweisen zu befreien.

Ich selbst kam in meiner persönlich dunkelsten Stunde mit dem Modell des inneren Kindes in Kontakt und bekam dadurch die entscheidenden Impulse, um meinen traumatischen Verlust zu überwinden und endlich wieder hoffnungsvoll in die Zukunft zu blicken. So merkwürdig wie es jetzt auch klingen mag, ohne die Arbeit an meinem eigenen inneren Kind wäre ich vielleicht gar nicht mehr hier und könnte dir davon berichten.

Der unerwartete Unfalltod meiner Frau hatte mein bis dahin so wohlgeordnetes Leben komplett aus der Bahn geworfen und mich selbst bis zutiefst erschüttert. Dabei lief bis zu diesem Zeitpunkt wirklich alles „nach Plan", wie es so schön heißt. Wir waren eine Vorzeigefamilie. Ich hatte nach meinem Ingenieurstudium eine gute Position als leitender Angestellter in einem mittelständischen Familienunternehmen gefunden. Die Arbeit mit Zahlen, Daten und Fakten machte mir Spaß, zumal das Klima in der Firma wirklich hervorragend und äußerst kollegial war. Auch zu Hause lief es wunderbar, obwohl meine Frau sich zumeist alleine um unsere beiden Kinder kümmern musste. Bis jener Tag alles auf den Kopf stellte. An diesem Abend im Januar waren meine Frau und ich zu einer Feier eingeladen worden. Durch einen nichtigen Streit kamen wir zu spät los und waren in Eile, wir schwiegen uns hartnäckig an auf der Fahrt. Wie zwei dumme, alberne Gören, anstatt uns wie Erwachsene zu benehmen. Im nächsten Moment war dann alles mit einem Schlag vorbei. Ein Auto kam uns frontal entgegen und ich versuchte instinktiv, auszuweichen – und verlor auf der vereisten Straße die Kontrolle über den Wagen. Von dem Aufprall auf den Baum bekam ich schon nichts mehr mit. Meine Frau kam bei diesem Unfall ums Leben, ich selbst musste mich schwer verletzt wieder ins Leben zurückkämpfen. Dabei hätte ich anfangs durch meinen Schock und die Trauer alles gegeben, wenn ich dasselbe Schicksal, wie sie erlebt hätte! Stattdessen saß ich jetzt im Rollstuhl. Oft beschimpfte ich mich damals als nutzlosen „Krüppel". So weit ging mein Selbsthass, dass ich nicht einmal die notwendige Reha antreten wollte. Meinen Kindern zuliebe begann ich sie schließlich doch – und in einer Gruppentherapie-Sitzung kam ich schließlich das erste Mal in Kontakt mit meinem inneren Kind. Und diese tiefgreifende Erfahrung veränderte mein Leben komplett! Mit einem Mal begann ich so unendlich vieles zu verstehen.

DAS INNERE KIND ALS PSYCHOLOGISCHES KONZEPT

Vermutlich fragst du dich schon längst, was es denn nun eigentlich genau mit diesem mysteriösen inneren Kind auf sich hat. Hierbei handelt es sich um ein psychologisches Modell, das seit den 70er-Jahren des 20. Jahrhunderts mehr und mehr an Bedeutung gewann. Wesentlich geprägt wurde es durch John Bradshaw, Erika Chopich und Margaret Paul. Teilweise wurde das Modell auch weiterentwickelt und angepasst, so wurde etwa das Konzept des inneren Teams geprägt, zu dem auch das innere Kind gehört. Die Schematherapie kennt sogar gleich mehrere Varianten des inneren Kindes: das verärgerte Kind, das traurige, das glückliche usw. Im Zuge des zunehmenden Trends zu Persönlichkeitsoptimierung und Weiterentwicklung wurde das innere Kind schließlich zu einem Teil der Mainstream-Kultur. Dieses Konzept steht stellvertretend für gewisse innermenschliche Erlebniswelten aus unserer Kindheit, die weiterhin präsent bleiben und somit unser Verhalten, Erleben, Denken und Fühlen auch als Erwachsene noch stark beeinflussen. Das innere Kind ist dabei vorwiegend eine Metapher für längst Vergangenes, das unser Gehirn allerdings nachhaltig „programmiert" hat. Eine verbreitete Meinung war lange Zeit, dass unser Verstand gewissermaßen eine unbeschriebene Tafel ist, wenn wir auf die Welt kommen. Inzwischen wissen wir, dass natürlich auch die Gene darüber entscheiden, wie wir ticken, sowie unsere frühkindlichen

Prägungen. Von besonderer Bedeutung sind dabei die ersten sechs Lebensjahre eines Kindes, die insbesondere maßgeblich sind in Bezug auf das viel zitierte Urvertrauen. Nur mit genügend guten Erfahrungen kann dieses entstehen. Es ist eine unserer entscheidendsten positiven Ressourcen später im Leben. Ein gestörtes Urvertrauen kann jedoch zu gravierenden Bindungs- und Zukunftsängsten sowie Depression und gekränktem Selbstvertrauen führen.

Unsere Prägungen und Erlebnisse sind letztlich die „Soft- oder Hardware" oder besser noch, das „Betriebssystem", durch die unser Gehirn nutzbar wird. Je nachdem, welches Betriebssystem man „aufgespielt" bekommen hat, sehen und bewerten wir die Dinge um uns. Die einen laufen vielleicht mit dem Standard-Betriebssystem Windows von Microsoft herum. Andere, die nicht dem Mainstream folgen, haben möglicherweise das kostenfreie, unabhängige Linux installiert. Bei wieder anderen, die Wert auf Exklusivität legen, steckt vielleicht Mac OS von Apple dahinter. Natürlich gibt es noch etliche Varianten dieser Betriebssysteme und zahlreiche kleine Extra-Progrämmchen, wie Widgets und Co., durch die alles noch ein wenig individueller wird.

Das klingt jetzt vermutlich ein wenig sehr technisch, aber letztlich funktioniert die Prägung, die wir als Kind mitbekommen, ähnlich. Zumal sie auch so fest in unserem Verstand verankert ist, dass dieses innere Kind den Rest unseres Lebens ein treuer Begleiter ist. Besonders in Momenten, wo wir uns über Nichtigkeiten unglaublich ärgern oder gekränkt reagieren, ist meist das innere Kind aktiviert. Dies gilt ebenfalls, wenn wir verunsichert sind, ängstlich, depressiv und vieles mehr. Diese beinahe instinktiven Reaktionen treten auf, wenn unser Erwachsenen-Ich umgangen wird und sofort unser inneres Kind aktiviert wird. Und das passiert mehrheitlich viel zu oft und genau in den ungünstigsten Momenten. Meist wurden dann gewisse Trigger aktiviert, die unverzüglich und ohne Umwege frühkindliche Erfahrungen in unserem Gehirn abrufen. Sowohl Positive als auch – leider! – negative.

Die gute Nachricht: Trotzdem oder gerade deswegen kannst du diese automatischen, destruktiven Verhaltensweisen, die in dir als Erbe deiner Kinderzeit stecken, nachhaltig überwinden. Dein Betriebssystem kann jederzeit geupdatet oder komplett ausgetauscht werden. Dazu musst du nur die Schmerzen deines inneren Kindes heilen. Im Klartext: Es ist wichtig, sich mit dem eigenen inneren Kind auseinanderzusetzen.

Interessanterweise ist das Konzept des inneren Kindes eigentlich gar keine so neue Erfindung, sondern wird in zahlreichen philosophischen Strömungen über die Jahrhunderte immer wieder aufgegriffen. Der buddhistische Gelehrte Thích Nhất Hạnh formuliert seine Erkenntnis beispielsweise so: Seiner Ansicht nach wohnt das innere Kind in allen von uns. Wir dürfen und müssen uns darum kümmern, wenn wir uns ein gutes Leben erschaffen wollen.

Du hast es sicherlich schon längst bemerkt: Alles rund um das Thema positive Lebensführung ist inzwischen mein Steckenpferd geworden. Da ich mich so intensiv mit mir selbst, meinem Trauma und mit meiner Vergangenheit auseinandersetzen musste, um wieder positiv auf mein Leben blicken zu können, habe ich mich viel und lange damit befasst. Das Feedback erst von meinen Mitpatienten und später von zahlreichen anderen Menschen hat mich darin bestärkt, dieses wertvolle Wissen zu vermitteln und weiterzugeben. Jemand formulierte einmal, es sei meine besondere „Gabe", diese teilweise hochkomplexen Sachverhalte auf das Wichtigste herunterzubrechen und allgemein verständlich zu machen. Sodass jeder in der Lage ist, dies zu verstehen und für sich selbst anzuwenden. Da mich die Macht und unglaubliche Vielseitigkeit des inneren Kindes wirklich zutiefst beeindruckt hat, ist es mir umso wichtiger, dir dies nahezubringen. Denn ich bin davon überzeugt, dass jeder mit dieser Arbeit sein Leben um so vieles besser machen und zufriedener werden kann. Für mich war es jedenfalls der entscheidende Impuls, um mich wieder aus dem Rollstuhl herauszuholen nach dem verhängnisvollen Autounfall. Denn damit war ich in der Lage, meine komplette Verwirrung und meine unendlichen Schuldgefühle durch den Tod meiner Frau zu überwinden. Lass mich deshalb am besten ein wenig weiter ausholen, um dir genauer zu erklären, was es mit diesem Modell wirklich auf sich hat.

WIESO DIE VERGANGENHEIT UNS IMMER EINHOLT

In der Einleitung hatte ich von meinem Erlebnis vor Kurzem bei einer Feier erzählt. Dort hatte mich der verärgerte Kommentar einer Frau, der ich ein Dessert vor der Nase weggeschnappt hatte, derart aus der Komfortzone geschubst, dass es mir heiß und kalt über den Rücken lief. Ich fühlte mich zu Unrecht beschuldigt, war gekränkt, denn schließlich hatte ich gar nicht in böser Absicht gehandelt. Sicherlich kennst du ähnliche Situationen selbst aus deinem Alltag. Vielleicht hängt es dir tagelang nach, wenn du gerade keine Zeit hast und einem Freund absagen musst. Vielleicht hast du ein schlechtes Gewissen oder reagierst trotzig, weil du nicht so höflich warst, wie du deiner Meinung nach sein solltest und derartiges mehr. Manchmal reichen seltsamerweise Kleinigkeiten aus, um uns tagelang zu beschäftigen und uns ein mieses Gefühl zu geben. Würde uns jemand dann fragen, wieso wir so ein riesiges Drama aus so einer Nichtigkeit machen, könnten wir höchstwahrscheinlich nicht einmal einen vernünftigen Grund für unser komplettes Überreagieren benennen. Tatsache ist nur: Wir wurden durch irgendetwas irgendwie getriggert und fühlen uns schlagartig schrecklich. Überraschenderweise ist die Antwort eigentlich ziemlich simpel, denn bei uns wurden negative Kindheitserinnerungen aktiviert, die fest verankert sind in unserem Unbewussten und damit eigentlich unserem willentlichen Zugriff entzogen.

Das Schlimme dabei ist, dass unser Unbewusstes keine Zeitbegriffe kennt. Für unser Unbewusstes ist immer genau „jetzt", alle Zeitebenen greifen ineinander, alles ist gewissermaßen gleichzeitig. Insofern ist ein Teil von uns immer noch in der Zeit gefangen, als wir ein Kind waren – und das reagiert auf die Welt um uns herum, die Menschen dort draußen instinktiv so, als würde die wie unsere damalige Mama und unser damaliger Papa denken und handeln. Dieser kindliche Anteil in uns hat noch nicht begriffen, dass der „Krieg" unserer Kinderzeit inzwischen lange vorbei ist. Es ist ein wenig so wie ein Mensch, der als Kind in einem unterirdischen Bunker eingeschlossen wurde, aus Angst vor einem Atomkrieg. Ohne Radio, Fernsehen, Internet. Selbst Nachrichten per Brieftaube oder Flaschenpost kommen nicht durch in den hermetisch abgeriegelten Raum. Nach 25 oder 30 Jahren geht dann plötzlich die Tür wieder auf – und das inzwischen erwachsene Kind hat keine Ahnung, dass der Atomkrieg vorbei ist oder gar nicht stattfand. Bis es das irgendwann realisiert hat, wird es seine Umwelt und auch sämtliche Menschen vor der Schablone des vermeintlich stattgefundenen Atomkriegs sehen und bewerten. Wie verwirrend das sein muss, kannst du dir sicherlich lebhaft vorstellen.

Weil die Welt kein Paradies ist und die Menschen alle keine Heiligen sind, die niemals einen Fehler begehen, trägt letztlich jedes Kind mit sich innere Verletzungen herum. Vielleicht möchtest du jetzt am liebsten protestieren und laut „Stopp!" rufen, denn du bist zutiefst davon überzeugt, dass deine Kindheit rundum glücklich war. Geht es dir so? Viele Menschen denken so. Wenn sie an ihre Kinderzeit zurückblicken, erinnern sie sich vordergründig an die schönen Dinge und Erlebnisse. Daran, wie sie mit ihren Freunden etwas Tolles unternommen haben, wie schön der erste Urlaub im Süden war, welchen Herzenswunsch sie sich von dem geschenkten Geld zur Kommunion oder Konfirmation gekauft haben. Oder auch, wie sie vor einer wichtigen Prüfung gezittert haben oder wie stolz sie waren, als sie endlich das allererste Mal alleine Auto fahren durften oder… Wir alle neigen dazu, die Kindheit zu verklären – oder auch generell die Vergangenheit. Negatives vergessen wir vergleichsweise deutlich schneller, vielleicht ist dies eine Art innerer Selbstschutz von uns Menschen. Wer weiß? Zumal die Tatsachen klar dagegen sprechen, dass wir alle eine Rosa-Wolken-Kindheit hatten. Die beeindruckend hohe und steigende Zahl psychischer Erkrankungen spricht eigentlich eine klare Sprache, ebenso die enorme Zahl an Menschen, die sich fragen, wie man übergroße Schüchternheit ablegen kann, wie man selbstbewusster wird und zu mehr Selbstliebe gelangt. Besser für sich selbst einstehen, Nein sagen lernen, die eigenen Bedürfnisse und Gefühle wahrnehmen und respektieren sind gewissermaßen „Dauerbrennerthemen", zu denen es eine wahre Flut an Ratgebern gibt. Offensichtlich klafft eine Lücke zwischen unseren „bewussten" Erinnerungen an unsere Kindheit und der tatsächlichen Realität, mit der wir damals konfrontiert waren. Nur wie können wir diese Lücke, diesen Grand Canyon in unserer Seele überwinden, um die Wahrheit herauszufinden? Genau hier kommt die Arbeit mit dem inneren Kind ins Spiel.

Da keiner von uns eine wirklich rundum perfekte, idyllische Kindheit hatte, trägt jeder ein verletztes inneres Kind in sich. Denn neben zahlreichen schönen und guten Erfahrungen sind da immer auch negative Erlebnisse, die uns verletzt haben. Erlebnisse, die unsere Grundbedürfnisse bedroht haben. Genauer unsere psychologischen Grundbedürfnisse, von denen es insgesamt vier Stück gibt.

Es handelt sich um die Bedürfnisse nach:

- Bindung und Nähe,
- Autonomie und Kontrolle,
- Selbstwerterhöhung,
- Lusterfüllung und Unlustvermeidung.

Nur wenn eine ausreichende Balance dieser Punkte untereinander gewährleistet ist, geht es uns wirklich gut. Denn wie du sicherlich bereits bemerkt hast, kann es bei einigen Punkten durchaus zu „Konflikten" kommen. Während ein Kind spätestens ab der Trotzphase z. B. nachdrücklich „Selber machen!" verlangt (also Autonomie und Kontrolle ausüben möchte), kollidiert dies beispielsweise mit dem Drang nach Bindung und Nähe. Misserfolge und Zurückweisungen wiederum stellen jeweils eine Kränkung unserer Person dar. Ich erinnere nur mal an ein kleines Kind, das eben noch so begeistert und stolz demonstrieren will, dass es tatsächlich sich schon die Schuhe selber anziehen kann. Gelingt dies nicht, entlädt sich der Frust über den Misserfolg in einem Wutanfall. Schlimmstenfalls mit auf den Boden werfen und ohrenbetäubendem Gebrüll. Ebenfalls nicht gut sind allerdings Aktionen von genervten Eltern oder Großeltern, die dem Nachwuchs kurzerhand erklären, dazu sei es noch zu klein und ungeschickt, das würde es nie schaffen. Vielleicht noch eine abschätzige Miene und der kleine Mensch wird höchstwahrscheinlich den Kopf hängen lassen. Denn er merkt ganz genau, dass man ihm sehr wenig zutraut. Wiederum eine kleine, gar nicht einmal böse gemeinte Verletzung, die immer weiter an unserem Selbstvertrauen nagen wird.

Das grundlegende, entscheidende Gefühl für unseren ganz persönlichen Wert, unseren Selbstwert, lernen wir nämlich in der Interaktion mit unseren Eltern. Sie sind unser Spiegel. Dieses Spiegeln setzt bereits ein, kurz nachdem wir auf die

Welt kommen – in der Kommunikation zwischen Mutter und Säugling. Da keine Mutter perfekt ist, sondern auch selbst einmal mit Müdigkeit, Stress oder Frust kämpft, wird sie nicht permanent ideal auf das Baby reagieren. Vielleicht wird sie wütend oder ignoriert das Kind, obwohl es gerade wirklich vor Hunger weint und nicht, um sie zu nerven. Das wiederum lernt dadurch möglicherweise, dass seine Bedürfnisse nicht befriedigt werden, sondern es lieb und brav und unkompliziert sein muss, um Zuwendung zu erhalten. Vielleicht verinnerlicht es aber auch, dass es sich zuallererst um die Bedürfnisse der anderen kümmern muss, dass es die Mama zum Lachen bringen muss, um wahrgenommen zu werden. Die Varianten dieser Interaktionen sind unglaublich vielfältig und weitreichend.

DIE KINDHEIT PRÄGT UNSER GANZES LEBEN

Besonders problematisch sind dabei emotionale Verletzungen, die Kinder im sogenannten Prägungsalter (zwischen 0 und 6 Jahren) erleiden. Wobei der Gradmesser ganz unterschiedlich sein kann. Nur in den seltensten Fällen handelt es sich hier um wirklich traumatische Ereignisse wie Misshandlungen oder derartiges. Häufig sind eher die kleinen Dinge problematisch, denn hier sind die Verletzungen deutlich subtiler und nicht so offensichtlich. Bei Geschwistern beispielsweise kommt es vielfach vor, dass ein gewisser Konkurrenzkampf zwischen den Kindern entsteht. Handelt es sich etwa um eine Familie mit einem fußballbegeisterten Vater, so wird der sicherlich eine größere Nähe zu einem Sohn haben, der ebenfalls gerne „kickt". Die erstgeborene Tochter wiederum wird sich zurückgesetzt fühlen durch die intensiven Gespräche der beiden und deren gemeinsame Zeit auf dem Bolzplatz. Bei ihr entsteht Neid und sie wird sich möglicherweise immer zurückgesetzt und ungeliebt fühlen. Eine Emotion, die sie als Erwachsene vielleicht zu kompensieren versucht, indem sie verzweifelt auf der ständigen Suche nach Liebe ist.

Eine andere Konstellation, die ähnlich problematisch sein kann, ist, wenn plötzlich ein „Nesthäkchen" auf die Welt kommt und die beiden älteren Geschwister sich darum kümmern sollen, weil die Eltern schnell wieder beide arbeiten müssen. Der große Bruder, der keine Lust auf das Aufpassen hat, wird dies in Abwesenheit der Eltern unter Umständen an dem kleinen Geschwisterkind auslassen. Er beschimpft es, lässt es wiederholt allein, um trotzdem seine Freunde zu treffen, und droht, es zu verhauen, wenn es petzt. Aber auch zwischen Brüdern kann eine ungute Dynamik entstehen. Wird ein großer Bruder etwa aufgrund seiner herausragenden schulischen Leistungen extrem gelobt, wird sein kleiner Bruder instinktiv versuchen, ihm nachzueifern. Das geht sogar so weit, dass er entgegen seiner Neigungen Fächer belegt, die ihm weniger liegen, und auch unbedingt die gleiche Schule wie sein großer Bruder besuchen will. Da er jedoch seine eigenen Fähigkeiten nicht ausprobiert, bleiben seine Leistungen im Vergleich zum großen Bruder mäßig – und der Junge wird immer das quälende Gefühl behalten, nicht gut genug zu sein. Leistung wird in seinem Leben weiter eine zentrale Rolle spielen sowie der Kampf gegen Versagensängste. Auch wenn in den Beispielen primär die Rede von Kindern ist, so spielen letztlich stets die Eltern die zentrale Rolle. Sie sind der Spiegel für die Kinder und nach deren – oft genug völlig zufälliger! – Reaktion richten diese ihren Selbstwert aus. Sie werden dadurch konditioniert.

Diese Konditionierungen werden uns unser Leben lang begleiten und unsere Reaktionen auf die Umwelt entscheidend bestimmen. Denn sie sind gewissermaßen die Fensterscheibe, durch die wir das Treiben da draußen beobachten und unsere Schlüsse darauf ziehen. Je nachdem, ob die Scheibe klar und durchsichtig ist oder dunkelblau oder verdreckt, ist auch unsere Sicht auf die Dinge –

und so werden wir auf die Menschen da draußen wiederum reagieren, wenn wir mit ihnen in Kontakt treten. Denn aufgrund dieser Prägungen – oder auch Konditionierungen – entstehen allmählich ungesunde Verhaltensmuster, die unbewusst auf unser Leben einwirken. Sie sind der Anlass für Probleme in Sachen Beruf, Beziehungen oder das eigene Wohlergehen. Und wenn wir nicht bewusst und aktiv dagegen angehen, bleiben uns diese tiefgehenden Konditionierungen unser Leben lang erhalten.

DIE BEDEUTUNG DER PRÄGUNGEN

Im Volksmund heißt es oft: Ein Unglück kommt selten allein. Genauso ist es auch in Bezug auf unsere Prägungen. Wie einfach wäre es, wenn sie so offenkundig wären, dass wir gewissermaßen darüber stolpern. Nach dem Motto: Ach ja, als ich drei Jahre alt war, da war dieses dumme Erlebnis. Mein Bruder hat mich in den Abstellraum gesperrt, weil ich ihn geärgert habe, als unsere Eltern nicht da waren. Seither habe ich nicht nur Angst im Dunkeln, sondern fühle mich auch oft genug unerwünscht und abgelehnt … Würden die Dinge so klar vor unseren Augen liegen, wäre es ein Leichtes, dagegen anzugehen. Nur genau so funktionieren unsere Prägungen unglücklicherweise nicht. Tatsächlich sind wir uns unserer Verletzungen nur in den seltensten Fällen wirklich bewusst. Wieso aber behaupten so unglaublich viele Menschen auf Nachfrage, dass sie eine wirklich fabelhafte, glückliche Kindheit hatten und sensationell patente, aufopferungsvolle Eltern – obwohl dies nach einem Blick auf die Fakten gar nicht stimmen kann? Den entscheidenden Grund dafür kennen tatsächlich nur die wenigsten.

Ab dem sechsten Lebensjahr werden Kinder intellektuell gesehen deutlich reifer, sie sind nun zunehmend in der Lage, sich selbst und ihre Gefühle zu beherrschen und es deutlich besser auszuhalten, wenn ihre Bedürfnisse nicht sofort befriedigt werden. Gleichzeitig entwickeln sich Fähigkeiten wie logischeres Verhalten, Rechnen und Co. Aber auch räumliches Vorstellungsvermögen und Sprachentwicklung bekommen jetzt einen echten Schub. Grund hierfür ist eine gravierende Umstrukturierung des kindlichen Gehirns. So reift der Stirnlappen aus, der in Verbindung mit logischem Denken steht, und auch die graue Masse im hinteren Bereich des Gehirns nimmt stark zu. Diese neuen Fähigkeiten, die uns als Erwachsenen später so gute Dienste leisten, oder genauer dieser Umstrukturierungsprozess in unserer „Sendezentrale" haben nur ein entscheidendes Manko: Wir können uns kaum noch bzw. höchstens schlaglichtartig an die Zeit und die Erlebnisse zuvor erinnern.

Sicherlich werden jetzt einige Menschen den Kopf schütteln und vehement protestieren! Die meisten von uns würden Stein und Bein schwören, dass sie sich sogar hervorragend an ihre Kindheit erinnern. Sie kennen ihr Lieblingsessen, haben Familienfeiern vor dem inneren Auge, denken an Urlaube oder den ersten Tag im Kindergarten … Hand aufs Herz: Sind das wirklich deine EIGENEN Erinnerungen? In der Tat handelt es sich bei den allermeisten Bildern und Erlebnissen aus der Kindheit überwiegend um „übernommene" Erinnerungen. Wir tendieren alle dazu, Erinnerungen, von denen unsere Eltern uns erzählen, so zu verinnerlichen, dass wir am Ende felsenfest davon überzeugt sind, es wären unsere eigenen. Manchmal sind es ebenso Szenen auf alten Fotos, die wir unbewusst abspeichern und als unsere höchstpersönlichen Erinnerungen ausgeben. Meist leiten wir so etwas ein mit einem Satz wie: „Ich weiß noch…"

Gutes wie auch schlechtes aus der Zeit vor dem sechsten, siebten Lebensjahr wissen wir zuverlässig nur in den seltensten Fällen. Deshalb haben wir keinen richtigen Zugriff mehr auf unsere Verletzungen, die negativen Gefühle, die es bei jedem gab. Selbst wenn sich unsere Eltern wirklich redlich bemüht haben, gute Eltern für uns zu sein und uns glücklich zu machen – keine

Kindheit verlief nur perfekt. Nur wir haben das Allermeiste vergessen und tragen nun unsere Verletzungen und traumatischen Erfahrungen weiter mit uns herum. Durch sie reagieren wir oft genug vermeintlich grundlos gekränkt, fühlen uns ungeliebt, unwichtig oder fürchten, niemals zu genügen. Gefühle, die uns das Leben im Zweifelsfall unfassbar schwer machen, dabei lassen sie sich in vielen Fällen erstaunlich simpel und effektiv bewältigen. Die Lösung ist die Innere-Kind-Arbeit.

ENTSCHEIDENDE IMPULSE DURCH DAS INNERE KIND

Für mich persönlich war die Gruppentherapie in meiner Reha der Schlüssel. Meine jetzige Lebensgefährtin, die mir damals als Physiotherapeutin zur Seite stand, hatte mich immer wieder ermutigt, an diesen Sitzungen teilzunehmen. Ich hatte anfangs eine unglaubliche Abwehrhaltung dagegen, wehrte mich lange, zu diesen Sitzungen zu gehen. Entsprechend skeptisch war ich natürlich, als die Rede auf das innere Kind kam. Wie bitte? Ich, ein gestandener Erwachsener mit Führungsverantwortung, soll mit meinem inneren Kind in Kontakt treten? Und was kommt als Nächstes? Ich springe in kurzen Hosen auf einer Blumenwiese herum und setze mir eine Clownsnase auf? Solche Sachen gingen mir anfangs durch den Kopf, schlicht und ergreifend, weil ich keine Ahnung hatte, wie das Ganze wirklich abläuft und wie effektiv es ist.

Kurzgefasst handelt es sich eigentlich „nur" um einen Dialog in deinem Kopf. Das, was wir als Persönlichkeit und „Ich" erleben, lässt sich in mehrere Anteile differenzieren. In einigen psychologischen Richtungen ist deshalb auch die Rede vom sogenannten inneren Team. Übrigens ist bereits in der 1923 veröffentlichten Persönlichkeitstheorie vom Ur-Vater der Psychoanalyse, Sigmund Freud, die Rede von drei Instanzen in einem

Menschen: das Ich (kritischer Verstand, Kontrolle), das Es (Bedürfnisse, Triebe) und das Über-Ich (soziale Normen, Werte, Gebote, Verbote, Moral). Freuds erklärtes Ziel war es bereits, unbewusstes bewusst zu machen.

Wie weit man das jeweilige innere Team eines Menschen ausdifferenzieren muss, um effektiv zu den persönlichen inneren Verletzungen vorzudringen, wird heutzutage von den unterschiedlichen psychologischen Richtungen durchaus kontrovers diskutiert. Die gute Nachricht für dich: Du kannst auch wunderbare Erkenntnisse über dich selbst gewinnen und dein Leben nachhaltig verändern, wenn du „nur" die heute übliche Arbeit mit dem inneren Kind nutzt. Denn so ist es dir möglich, seelische Wunden zu heilen, problematische Glaubenssätze aufzudecken und sogar zu ändern und zu einem liebevollen, wohlwollenden Umgang mit dir selbst und auch den Menschen um dich herum zu gelangen.

Dabei lässt du dich einfach nur auf eine Spaltung deines „Ichs" ein. Gib dem bewussten, reflektierten Erwachsenen-Anteil in dir die Chance, in Kontakt mit dem emotionalen „inneren Kind" in dir zu treten. Ergründe dabei etwa: Was denkt das immer noch in dir vorhandene Kind? Welche Wünsche, Bedürfnisse, Ängste, Zweifel o. Ä. hat es? Was macht es traurig oder wütend – aber auch: Worüber freut es sich, was macht es glücklich? Wie genau dir dies gelingt, erfährst du ausführlich in den folgenden Kapiteln.

Schon jetzt kann ich dir versprechen, dass diese Arbeit mit dem inneren Kind dir wesentliche positive Impulse für dein ganzes Leben geben wird. Wer sein inneres Kind kennenlernt und begreift, was es will und was es antreibt oder fürchtet, der wird auch besser verstehen, wieso er jetzt genau der Mensch ist, der er ist. Und das macht dich nicht nur freier und nachsichtiger mit dir selbst und anderen, sondern verhilft dir zudem zu reflektierterem Handeln und positiverem Verhalten.

Kurzum: Es lohnt sich!

REFLEXIONEN

Du hast es sicherlich schon bemerkt, ich gehöre zu den eher „handfesten" Menschen. Theorie ist unglaublich wichtig, aber nur wenn wir die Dinge dann auch in die Praxis übertragen, lässt sich wirklich etwas bewegen und verändern. Übrigens habe ich diesen Ansatz natürlich nicht erfunden, er ist eines der Grundprinzipien der modernen Verhaltenstherapie etwa. Diese wiederum gehört zu den einzigen drei Therapieverfahren, die in Deutschland offiziell anerkannt sind – weil ihre Wirksamkeit nachgewiesen ist.

Insofern werde ich dir am Ende jedes Kapitels einige Anregungen geben, mit denen du selber ins „Tun" kommst. Es sind Anleitungen, mit deren Hilfe du nach und nach in Kontakt mit deinem inneren Kind kommst und die positiven Effekte dieser Arbeit in deinen (jetzigen) Alltag übertragen lernst. Arbeitest du diese Aufgaben also durch, so erhältst du den maximalen Effekt, den dir dieses Buch bietet.

Und schon geht's los!

---

1. Überlege einmal, aus welchem Grund du dich für dieses Buch entschieden hast. Gibt es da ein spezielles Problem in deinem Leben?

2. Liste bitte Erfahrungen aus deiner Kindheit auf. Versuche bitte, diese so genau und so bildhaft wie möglich zu beschreiben. Stelle dir die Situationen noch einmal ganz genau vor deinem inneren Auge vor.

a) Erinnere dich zuerst an drei positive Kindheitserfahrungen.

b) Jetzt beschreibe bitte drei negative Erfahrungen, die du als Kind hattest.

3. Nimm dir einen Moment Zeit und überlege, was dich in deinem Alltag regelmäßig aus der Balance bringt.

a) In welchen Situationen passiert es dir besonders?

b) Gibt es typische Auslöser, die dich dann triggern?

c) Sind dir Parallelen zu Kindheitserfahrungen bewusst? Erinnert dich der Trigger an eine ähnliche Situation von damals?

2

DIE VIER GRUNDBEDÜRFNISSE

„Bindung und Freiheit sind sich in der Liebe kein Feind. Denn Liebe ist die größte Freiheit und doch die größte Bindung."

— BUDDHISTISCHE WEISHEIT

---

*S*ich einsam zu fühlen, ist schrecklich. Hunger oder Durst zu empfinden, ist auch alles andere als schön. Wer geht schon gerne zum Zahnarzt, wenn er alternativ eine Einladung zum Eisessen bekommt? Dass Schlafmangel schlecht für unsere Gesundheit ist und Schlafentzug sogar zum Tode führen kann, ist ebenfalls hinlänglich bekannt. Ich denke, du wirst mir beipflichten, wenn ich sage: Werden Grundbedürfnisse nicht erfüllt, fühlt sich das für uns alles andere als gut an. Ähnlich verhält sich dies mit den psychologischen Grundbedürfnissen, auf die ich im vorherigen Kapitel bereits kurz eingegangen bin.

Kurz zur Erinnerung – es handelt sich bei den psychologischen Grundbedürfnissen um diese vier Punkte:

- Bindung und Nähe,
- Autonomie und Kontrolle,
- Selbstwerterhöhung sowie
- Lusterfüllung und Unlustvermeidung.

Diese vier Faktoren sind evolutionär tief in uns verankert, sie treiben uns an, selbst wenn uns dies nicht bewusst sein sollte. Umso schwerer wiegt es, wenn diese Grundbedürfnisse aus irgendeinem Grund nicht befriedigt werden können. Für einen Erwachsenen äußert sich dies noch recht gemäßigt. Ist ein Kind nicht dazu in der Lage, diese Grundbedürfnisse zu befriedigen, so wiegt dies ungleich schwerer. Sogar schwerwiegende seelische Spätfolgen sind möglich, die sich jedoch hinter anderen Gefühlen oder Handlungen verbergen können. Im Gegenzug verschafft es uns Balance, Zufriedenheit und Ausgeglichenheit, wenn wir es schaffen, diese – gleichwertig nebeneinander stehenden – Grundbedürfnisse zu befriedigen. Oder lass es uns doch einfach so formulieren: wenn wir gut für uns selbst sorgen.

ENTSCHLÜSSELT: DIE KONSISTENZTHEORIE

Am besten steigen wir in dieses wichtige Thema noch etwas tiefer ein. Das Modell der vier psychologischen Grundbedürfnisse ist Teil der sogenannten Konsistenztheorie, die der Psychotherapeut und Hochschullehrer Dr. Klaus Detlev Grawe (1943-2005) formuliert hat. Er war vielfach als Gutachter tätig und wurde international hauptsächlich aufgrund der Veröffentlichung einer Studie zur Wirksamkeit von Psychotherapierichtungen bekannt. Zuletzt war er bemüht, die Faktoren (auch auf neuronaler Ebene) zu formulieren, die darüber entscheiden, ob eine Psychotherapie wirkt – oder eher nicht. Im Zuge dieser Arbeiten entstand die Konsistenztheorie. Diese basiert auf der Erkenntnis, dass jeder Organismus bestrebt ist, Prozesse auf geistiger Ebene (Psyche) mit gemachten Erfahrungen (durch die Neuronen im Gehirn aufgenommenen Informationen aus der Außenwelt) in Einklang miteinander zu bringen, sie sollen in sich konsistent sein. Je größer die Konsistenz, desto besser geht es dem Organismus. Deshalb ist das Streben nach dieser Konsistenz grundlegend in uns verankert. Dies ist gewissermaßen das zugrunde liegende Prinzip.

Ein weiterer wichtiger Aspekt daneben sind die vier Grundbedürfnisse, die jeder Mensch in sich trägt und verwirklichen will. Wie er dies versucht und wie er es schafft, ist dabei individuell verschieden. Genau genommen hängt dies von unseren Kindheitserfahrungen ab. Die Grundbedürfnisse sind die Basis für alles.

Eine Ebene über diesen Grundbedürfnissen sind im Modell die motivationalen Schemata angesiedelt:

1. Intentionale Schemata (Annäherungsziele)
2. Vermeidungsschemata (Vermeidungsziele)

Der Begriff „motivational" trifft hier bereits den Kern: Es handelt sich um die grundlegenden Motivationen einer Person. Die jeweiligen Vorgehensweisen lernen wir im Laufe unseres Lebens. Während wir bestrebt sind, unsere Annäherungsziele zu erreichen (weil wir sie als „sexy" und attraktiv empfinden), meiden wir andere Dinge wie der berühmte Teufel das Weihwasser. Ich nenne das Ganze gerne auch das „Knüppel-oder-Karotte-Prinzip". Es gibt immer zwei Optionen, um einen Esel zum Vorwärtsgehen zu bringen. Du kannst dich entweder mit einem Knüppel hinter ihn stellen und lautstark drohen, ihn damit zu treffen. Vielleicht tust du das sogar, wenn der Esel ansonsten gar nicht reagiert. Oder du kannst dir ebenso eine Angel aus einem

Zweig und einem Faden basteln und die Karotte so dem Esel vor die Nase halten. Immer so weit entfernt, dass er gerade nicht drankommt, aber glaubt, es zu schaffen, wenn er nur weiterläuft. Während es bei den Annäherungszielen darum geht, Bedürfnisse zu befriedigen (etwa eine leckere, saftige Karotte essen), drehen sich Vermeidungsziele darum, sich vor Schaden zu bewahren (Knüppel auf den Hintern). Unser Organismus strebt stets danach, eine optimale Bilanz zwischen beiden Zuständen zu erreichen. Je nachdem, welche prägenden Erfahrungen wir gemacht haben, kann aber das eine oder andere überwiegen. Werden beide Ziele gleichermaßen aktiviert, so können sie sich gegenseitig hemmen (= der Esel weiß nicht, was er tun soll und fängt z. B. an, einfach wegzulaufen).

Auf der nächsthöheren, der dritten Ebene des Konsistenzmodells, wird der Organismus abgleichen, ob seine Ziele mit seiner Wahrnehmung übereinstimmen. Falls ja, ist alles wunderbar und es entsteht Konsistenz. Andernfalls kommt es zu negativen Gefühlen und Frust (Inkongruenz).

Laut Grawe sind Psychotherapien dann besonders erfolgreich, wenn etwa Konflikte in Bezug auf die Ziele aufgelöst oder man die Erfahrung macht, dass die eigenen Bedürfnisse befriedigt werden. Auf der Basis seiner Konsistenztheorie entwickelte er eine eigene Therapieform, die als Neuropsychotherapie bekannt ist. Der entscheidende Vorteil bei dieser Therapievariante ist, dass sich hier tatsächlich Ergebnisse auch bildhaft darstellen lassen. Offensichtlich verändert sich hier nachhaltig etwas in den neuronalen Bahnen im Gehirn einer Person, dies lässt sich durch eine Neurofeedbackanalyse darstellen.

Was sagt uns das? Es ist von grundlegender Bedeutung, dass es uns gelingt, unsere psychischen Grundbedürfnisse zu verwirklichen – und zwar am besten optimal ausgewogen. Nur so schaffen wir es schließlich, nicht eins der Bedürfnisse gewissermaßen überzuerfüllen – und im Gegensatz dazu bei einem anderen einen Mangel zu haben. Das Motto „Viel hilft viel" passt hier nämlich leider nicht. Da die Erfüllung dieser Bedürfnisse auch nicht „überlebensnotwendig" ist, fällt es uns meist ausgesprochen schwer, diese in ein gesundes Gleichgewicht zueinander zu bringen. Deshalb ist es sinnvoll, dass wir uns die psychischen Grundbedürfnisse am besten noch ein wenig genauer anschauen.

NUMMER 1: DAS BEDÜRFNIS NACH BINDUNG

Ich weiß nicht, wie es dir geht, aber als ich damals noch täglich ins Büro musste, hatte ich ein persönliches Lieblingsmotto: Ich bin reif für die Insel. Und zwar für eine einsame Insel, wo es außer mir jede Menge schneeweißen Sandstrand und ein paar schöne Palmen mit Kokosnüssen, höchstens noch ein paar exotische Schmetterlinge und Vögel gibt. Ansonsten ist da nur das Rauschen der Brandung. Na ja, vielleicht habe ich auch noch einen Fußball dabei, den ich Fritz Walter oder Sepp Herberger taufe, falls ich doch mal mit jemandem ein gutes Gespräch führen will.

Was ich eigentlich damit sagen will: Der Kontakt mit anderen Menschen kann durchaus sehr herausfordernd sein und da kommt einem schnell mal die Idee, wie schön es doch wäre, wenn man sich dann auf eine einsame Insel verkriechen könnte. Nur wir alle sind von Hause aus keine Säulenheiligen, Einsiedler oder Almöhis, sondern Menschen. Und die haben alle zutiefst ein Bedürfnis nach Bindung.

In den allerersten Lebensjahren sind Bindung und Nähe sogar lebenswichtig, ein Säugling würde ohne eine stabile Bindung zu seinen Eltern, insbesondere seiner Mutter, nicht überleben können. Die Liebe dieser zentralen Bezugspersonen steht nicht nur für Trinken, Nahrung, Kleidung, sondern ebenso für Zuneigung und menschliche Wärme in einem Alter, in dem wir dringend auf Hilfe von anderen angewiesen sind. Nur wenn unsere Eltern verlässlich für uns da sind, entwickeln wir das so unglaublich wichtige Urvertrauen. Ein Vertrauen in andere Menschen und in Beziehungen generell. Fehlt eine gute positive Bindung zu Bezugspersonen, so droht die Gefahr, dass diese frühkindlichen Erfahrungen sich in Bindungsstörungen und psychischen Erkrankungen äußern.

Mich persönlich haben schon früher immer die Geschichten von sogenannten Wolfskindern oder von Kaspar Hauser fasziniert. Diese bedauernswerten Kinder mussten unter unterschiedlichen Umständen ohne die Zuwendung ihrer (menschlichen) Eltern klarkommen – mit entsprechenden Folgen. Sie blieben für immer „Ausgestoßene" und fühlten sich nicht wirklich heimisch in der menschlichen Gemeinschaft, von zahlreichen intellektuellen und emotionalen Defiziten einmal ganz abgesehen. Dass die Sprachentwicklung nicht gerade gefördert wird, wenn man unter Tieren aufwächst oder in einem dunklen Kellerverlies ohne Ansprache groß wird, sind das eben nicht die besten Bedingungen, um eine geschliffene Konversation zu erlernen. Besonders perfide ist dabei, dass im 20. Jahrhundert sogar noch ein Experiment möglich war, wie das des US-amerikanischen Wissenschaftlers Winthrop Kellogg. 1931 startete ein Versuch, der bei dem gerade zehn Monate alten Sohn von Kellogg sicherlich für alle Zeit Spuren hinterließ. Der kleine Donald bekam zu diesem Zeitpunkt ein ganz ungewöhnliches Geschwisterkind: die junge Schimpansin Gua. Kellogg und seine Gattin zogen die beiden gemeinsam auf und behandelten sie komplett gleich. Als Donald 19 Monate alt war, wurde das Experiment abgebrochen, denn das Kleinkind war stark entwicklungsverzögert und hatte begonnen, seine Schimpansenschwester als Vorbild zu nehmen. Auch wenn Donald auf den ersten Blick danach ein scheinbar normales Leben führte und sogar Medizin studierte, litt er vermutlich lebenslang unter

Depressionen. Tatsache ist, dass er kurze Zeit nach dem Tod seiner Eltern 1972 Selbstmord beging. Mit gerade einmal 41 Jahren.

Abgesehen von dem lebensnotwendigen Bedürfnis nach Bindung im Kindesalter, ist dies natürlich auch weiterhin in unserem Leben ein wesentliches Thema. Gerade in der Phase der Pubertät, wo Jugendliche sich abnabeln, bekommen Freundeskreise mit gleichen Interessen und Ansichten eine enorme Bedeutung. Und von da an sind wir im besten Fall eingebunden in ein ganzes Netzwerk an Bindungen – zur Familie, zu Freunden, zu Arbeitskollegen, zu Menschen, mit denen wir ein gemeinsames Hobby teilen und natürlich ganz besonders zu unseren Lebenspartnern.

Der Tod meiner Frau bei dem Autounfall damals, den ich bereits erwähnt habe, hatte mich vollkommen aus der Bahn geworfen. Es war, als hätte mir jemand mit einem Mal komplett den Boden unter den Füßen weggezogen! Ich war im freien Fall, als man mir im Krankenhaus erklärte, was geschehen war. Anfangs war ich wie erstarrt, fühlte mich vollkommen taub – aber nur, damit dann eine komplette Hilflosigkeit über mir zusammenschlug. Ich war allein. Das Schicksal hatte mir eine der wichtigsten Bindungen in meinem Leben genommen und mit einem Mal konnte ich nur noch irgendwie „funktionieren". Und zwar schlecht genug. Mein eigenes Wohlergehen war mir komplett gleichgültig, auch um meine beiden Kinder konnte ich mich nur noch notdürftig kümmern. Am liebsten hätte ich einfach Schluss gemacht oder mich in meiner Wohnung versteckt und nur noch getrauert. Mein Leben war in vielerlei Hinsicht vollkommen aus der Balance geraten – mit entsprechenden Folgen.

Ich bin mir sicher, selbst wenn du kein so einschneidendes Erlebnis hattest, kennst du ebenfalls diese schrecklichen Momente, wo man sich einsam und allein fühlt. Von aller Welt verlassen. Auch Liebeskummer oder die Trennung von einem wichtigen Menschen auf Zeit können dieses Grundbedürfnis triggern.

NUMMER 2: BEDÜRFNIS NACH ORIENTIERUNG UND KONTROLLE

Doch damit nicht genug, der Unfall auf eisglatter Straße hatte noch ein weiteres wichtiges psychisches Grundbedürfnis bei mir verletzt: das Bedürfnis nach Orientierung und Kontrolle. Als das Lenkrad unter meinen panisch zu Klauen gekrallten Händen sein furchtbares Eigenleben entwickelte, war das der Augenblick, wo ich die Kontrolle nicht nur über den Wagen, sondern ebenfalls über mein Leben verlor. Etwas, was mir noch sehr lange nachhing.

Bestehen stabile Beziehungen zu Bezugspersonen, haben wir bereits weitere Wünsche: Wir Menschen haben ein dringendes Bedürfnis, Kontrolle auszuüben in unserem Leben. Am liebsten würden wir alles bestimmen können oder zumindest eine Art Bedienungsanleitung für das Leben haben. Aus genau diesem Grund gibt es ja auch Magie und Aberglauben. Wir versuchen so Dinge, die sich ansonsten unserem Zugriff entziehen würden, zu „bezwingen". Hast du ein ungutes Gefühl, wenn du unter einer Leiter durchgehen musst? Wirst du hektisch (so wie meine Mutter früher), wenn jemand dabei ist, Schuhe auf den Tisch zu stellen? Oder versuchst du stets, bloß nichts zu „beschreien"? Herzlich willkommen im Kreis der „Hobby-Kontrolleure". Weil jemand, der schon einmal unter einer Leiter durchging, an diesem Tag noch Pech hatte, gehen wir lieber alle auf Nummer sicher.

Mal ganz davon ab, dass aufgestellte Regeln uns ebenfalls entlasten, indem sie uns Orientierung bieten. Mir fiel dies das allererste Mal bewusst auf bei meinem Latein-Lehrer damals in der Schule. Er war genau das, was man gemeinhin einen harten

Hund nannte. Wenn er einen aufrief und Vokabeln anfragte, bekam man als Schüler direkt einen kleinen Schweißausbruch. Er war unglaublich streng (fanden wir jedenfalls) und war sehr penibel. Wer die Betonung bei einer bestimmten Wortform vermasselte, musste es garantiert zehnmal aufschreiben. Die beiden Jahre bei diesem Lehrer waren alles andere als ein Spaß, aber das Wissen saß und niemand fiel letztlich bei ihm durch. Andererseits hat sich auch kein anderer Lehrer derart für uns Schüler eingesetzt. Da war er absolut kompromisslos und zu 100 Prozent fair. Im Gegensatz interessanterweise zu den netten, kumpelhaften Lehrern, die mit einem ein Bierchen trinken gingen und einem mit einem bedauernden Schulterzucken eine 5 aufs Zeugnis schrieben.

Menschen lieben es generell, Dinge selbst zu entscheiden, sie eigenständig zu gestalten, und sind darauf aus, Situationen vorherzusehen und beherrschbar zu machen. Ganz besonders gilt dies für unsere Kindheit. Nicht umsonst gilt eine antiautoritäre Erziehung, bei der Kindern nichts vorgeschrieben oder gar verboten wird, als gescheitert. Kinder suchen instinktiv nach ihren Grenzen, gibt man ihnen keinerlei klar, unzweideutige Strukturen und Regeln, so wird ihr Leben unvorhersehbar. Erzieht der eine Elternteil so und agiert der andere genau anders, ist das für das Kind hochproblematisch. Abgesehen davon, dass clevere Kinder versuchen werden, die Eltern gegeneinander auszuspielen, fehlen in so einer Atmosphäre Sicherheit und Verlässlichkeit. Das wiederum ist der typische Nährboden für einen späteren Kontrollzwang. Solche Kinder neigen als Erwachsene dazu, alles und jedes kontrollieren zu wollen – im Zweifelsfall auch mit Aberglauben. Und müssen mit einem möglicherweise grandiosen Scheitern fertig werden, mit dem intensiven Gefühl von „Ohnmacht", wenn das Leben zuschlägt.

NUMMER 3: BEDÜRFNIS NACH LUSTBEFRIEDIGUNG BZW. UNLUSTVERMEIDUNG

Gleich vorneweg: Lustbefriedigung hat in diesem Kontext nicht unbedingt etwas mit Sex zu tun. Oder um es mal so zu formulieren: Kann, muss aber nicht. Denn hierbei geht es um den Grundgedanken, dass wir alle danach streben, Dinge zu tun, die uns Spaß machen. Im Gegenzug vermeiden wir alles, was uns keinen Spaß macht oder was wir als unangenehm oder sogar als schmerzhaft empfinden. Und zwar gewissermaßen von Geburt an. Wir alle haben das äußerst gesunde Bedürfnis, uns etwas Gutes zu tun: Wir essen gerne gute Dinge, genießen es, zu faulenzen und in den Urlaub zu fahren, unseren Hobbys nachzugehen oder Zeit mit Freunden zu verbringen. Im Gegenzug hat niemand besonders viel Lust darauf, zum Zahnarzt zu gehen oder eine wichtige Prüfung zu schreiben. Schon das Lernen dafür empfinden wir eher als lästig und drücken uns dementsprechend nach Kräften drumherum. Auch das ist erst einmal nichts Schlechtes.

Problematisch wird es nur, wenn es uns nicht gelingt, die Waage zwischen Lust und Unlust auszutarieren. Natürlich lieben wir es, leckere Schweizer Schokolade zu essen. Aber was ist, wenn wir zu viel davon essen? Dann erleben wir höchstwahrscheinlich Unlustgefühle, denn dann steigt das Gewicht und wir bekommen den Hosenbund nicht mehr richtig zu. Vielleicht bekommen wir sogar Karies und müssen uns einer Zahnarztbehandlung unterziehen. Beides zählt ja eher nicht so zu den Lustgewinnen. Das war jetzt natürlich ein ziemlich plakatives Beispiel, vielleicht weil ich gerade aus einem Wochenendurlaub in der Schweiz zurückkomme und dort ordentlich geschlemmt habe. Schokolade ist für mich einfach reine Nervennahrung und insofern eine meiner Schwächen. Aber seitdem ich sie viel bewusster esse, schätze ich diesen Genuss umso mehr. Es kann unglaublich helfen, wenn wir uns bei unseren Handlungen einfach mal fragen, ob die langfristigen Konsequenzen für uns auch in Ordnung sind und wir diese in Kauf nehmen.

Den Umgang mit Unlustgefühlen müssen wir nicht umsonst erst mühsam in unserer Kinderzeit lernen. Säuglinge sind anfangs darauf angewiesen, dass ihre Bedürfnisse umgehend durch ihre Mutter bzw. ihre Eltern befriedigt werden. Erst ab der Trotzphase, wo sie zunächst lernen, sich als von der Mutter getrenntes, eigenständiges Wesen zu erleben, begreifen sie allmählich, dass sie nicht alles bekommen können, was sie genau in diesem Moment haben möchten. Das ist durchaus ein sehr frustrierender Prozess, der für das Erwachsenwerden aber unverzichtbar ist. Ein geflügeltes Wort ist es ja auch, dass die lieben Kleinen erst einmal Frustrationstoleranz lernen müssen – und manche können mit einem Nein oder einem nicht erfüllten Wunsch leider ihr Leben lang nicht umgehen.

Gerade in Bezug auf langfristige Ziele ist es sogar von allergrößter Bedeutung, dass wir mit Unlustgefühlen klarkommen. Wer sich ein Haus oder ein neues Auto kaufen möchte, der wird vermutlich kräftig sparen müssen, um sich diesen Luxus zu leisten. Immerhin wollen ja selbst die Raten für einen Kredit zuverlässig bezahlt werden, ansonsten ist die Freude bedauerlicherweise nur von kurzer Dauer. Vielleicht hast du aber auch ein ganz besonderes Lebensziel, dann kann der sinnvolle Umgang mit Unlustgefühlen essenziell werden. Denn hier hast du es meist auch noch mit einer aufgeschobenen Belohnung zu tun. Wer etwa davon träumt, später mal als Arzt oder Ingenieur zu arbeiten, braucht schon in der Schule gute Noten. Ansonsten wird es mit dem Studienplatz problematisch. Und das anspruchsvolle Studium will ja auch bestanden werden, insofern kommt man um das lästige Lernen bei solchen Zielen einfach nicht drumherum. Aber umso größer ist natürlich die Freude (= das Lustgefühl), wenn man die Abschlussprüfung erfolgreich bestanden hat und endlich seinen Traum leben kann. Doch dazu muss man sowohl mit Lust- als auch mit Unlustgefühlen angemessen umgehen können.

NUMMER 4: BEDÜRFNIS NACH SELBSTWERTSCHUTZ UND SELBSTWERTERHÖHUNG

Damals als ich noch komplett Vollzeit als Ingenieur in dem kleinen Familienunternehmen gearbeitet habe, wurde das eine Jahr im Frühling ein aufstrebender junger Uni-Absolvent eingestellt. Er war durchaus sympathisch, vielleicht ein wenig unsicher im Umgang mit anderen. Sein Diplomzeugnis war wirklich exzellent, zudem hatte er zahlreiche Praktika bei namhaften, innovativen Firmen absolviert. Sogar Auslandserfahrung hatte dieser Einserschüler bereits und sah zudem auch noch blendend aus, das musste der Neid ihm lassen. Ihm standen letztendlich alle Chancen der (Ingenieur-)Welt offen, weshalb ich fast ein wenig wehmütig wurde, wenn ich ihn sah. Ich war zwar wirklich zufrieden mit meinem Posten und konnte mich stets darauf verlassen, dass mein Chef vollkommen hinter mir stand und meine Leistungen überaus schätzte, dennoch gab es durchaus Momente, wo ich ein wenig unzufrieden mit meinem Leben war. Wie wäre es gewesen, als Entwickler in ein internationales Unternehmen zu gehen, wo bahnbrechende technische Innovationen ausgedacht werden? Und natürlich mit Preisen überschüttet. Oder wie wäre es, wenn ich die Chance gehabt hätte, ein paar Semester im Ausland zu studieren? War ich wirklich damit zufrieden, hier zu „versauern" und ein durchschnittliches Leben mit Eigenheim, Frau und zwei Kindern zu führen? Hätte mein Vater damals, als ich in der 10. Klasse den blauen Brief bekam und drohte sitzenzubleiben, vielleicht besser etwas anderes sagen sollen als: „Es ist völlig egal, ob du Abitur machst oder auf eine andere Schule wechselst. Ich weiß, was du kannst, und dass du immer ein großartiger, wertvoller Mensch sein wirst. Noten sind doch völlig unwichtig ..."?

Ich haderte tatsächlich eine ganze Zeit lang – bis zu dem Moment, wo ich feststellte, wie es wirklich in unserem aufstrebenden Newcomer aussah. In der letzten Zeit war er immer der Erste, der morgens kam, und der Letzte, der ging. Fast alle waren bereits von seinem Übereifer und seinem Perfektionismus genervt, denn einfach mal alle fünfe gerade sein lassen, konnte er nicht. Sogar gute Zahlen feierte er nicht wirklich, sondern setzte direkt alles daran, sie erneut zu toppen. Eines Abends ging ich zu ihm ins Büro, weil ich mich verabschieden wollte. Etwas früher als sonst, denn zu Hause war eine Grillparty mit Freunden geplant. Als mein junger Kollege an seinem Schreibtisch den Kopf hob und die Papiere fahrig sortierte, fielen mir seine roten, geschwollenen Augen auf. Er war komplett übermüdet, hatte tiefe Ringe darunter – und er hatte eindeutig geweint. Ich fragte vorsichtig nach, ob etwas nicht stimme. Mit einem verzerrten Lächeln erklärte er: „Was würde ich darum geben, einen Tag lang mal so entspannt zu sein wie Sie! Aber ich habe innen drin immer nur einen Gedanken: Ich bin lediglich etwas wert, wenn ich etwas Außergewöhnliches leiste. Schon meine Eltern haben mich nur beachtet, wenn ich eine Eins geschrieben habe in der Schule. Und das frisst mich komplett auf ..."

Die Selbstwert-Thematik treibt heutzutage zahlreiche Menschen um. So unglaublich viele denken, dass höher, schneller, weiter die entscheidenden Kriterien sind, um als Mensch wichtig zu sein. Zwanghaft suchen sie nach Anerkennung durch andere, weil sie davon zutiefst abhängig sind. Lob und Erfolge sind die Währung, die sie brauchen, um zumindest zeitweise zufrieden zu sein, denn dann bekommen sie die Wertschätzung anderer. Das Erreichen von Zielen ist ein Muss, immerhin fühlen wir uns dadurch kompetent. In einem gesunden Maß ist das alles völlig in Ordnung, es macht Spaß, seine eigene Leistungsfähigkeit zu erleben – aber nur, wenn sich dahinter kein Selbstwertdefizit verbirgt.

Kinder, die früh lernen, dass andere Menschen Vertrauen in sie haben und ihre Leistungen würdigen, haben allerbeste Chancen, später zu Erwachsenen mit einem stabilen Selbstwertgefühl zu werden. Jedenfalls wenn sie zudem noch vermittelt bekommen, dass selbst eine schlechte Leistung nichts über sie als Person aussagt. Es ist einfach nur ein momentaner Misserfolg – nichts mehr. Deshalb ist man aber nicht weniger liebenswert und wertvoll.

Kontraproduktiv für die Entwicklung eines gesunden, belastbaren Selbstwertgefühls sind Eltern, die adäquate Leistungen honorieren und Misserfolge zu Dramen hochstilisieren. Nach dem Motto: „Nicht mal das kannst du richtig!" Selbst wenn so eine Aussage „nicht so gemeint" sein sollte, schädigt sie das Ego des Kindes nachhaltig. Gleiches gilt für die sogenannten „Wettkampfeltern", die ihre Kinder in Abhängigkeit von ihrer Leistung behandeln. Gutes Betragen oder gute schulische Leistungen werden in solchen Konstellationen beispielsweise mit einem Plus an Zuneigung oder Geschenken belohnt. Fast augenblicklich kämpfen die Geschwister darum, besser als der jeweils andere dazustehen. Das Ergebnis ist eine komplett vergiftete Atmosphäre im Jetzt und Erwachsene mit einem geringen Selbstwert in der Zukunft.

WIE WICHTIG IST DIE ERFÜLLUNG DIESER GRUNDBEDÜRFNISSE?

Ich denke, dir ist schon längst klar, wie es dir geht, wenn deine psychischen Grundbedürfnisse erfüllt sind: schlicht und ergreifend gut. Du bist zufrieden, denn du fühlst dich geborgen, hast positive Erlebnisse, schaffst es, Ziele zu erreichen, und ruhst durch deinen soliden Selbstwert in dir. Zumal du ein gutes Netzwerk an Menschen um dich herum hast, die dein instinktives Bedürfnis nach einer zuverlässigen, stabilen Bindung befriedigen. Wenn du dir dann gelegentlich noch einen Herzenswunsch erfüllst, vielleicht eine schöne Reise oder etwas anderes, was dich glücklich macht, dann führst du ein rundum zufriedenes Leben – und wirst auch genau das ausstrahlen.

Die gute Nachricht dabei: Die Befriedigung deiner psychischen Grundbedürfnisse muss glücklicherweise nicht in Stress ausarten! Es ist nicht damit gemeint, dass du von nun an 24 Stunden am Tag und sieben Tage die Woche alles auf die Goldwaage legst und akribisch darauf achtest, alle Bedürfnisse immer zu erfüllen. Es gibt immer Momente oder Phasen in unserem Leben, wo sich die optimale Umsetzung aufgrund der Gegebenheiten schlicht und ergreifend nicht realisieren lässt. Ein Klassiker für so einen Fall ist unter anderem eine Trennung. Egal ob einem der Partner alles vor die Füße schmeißt oder man, so wie ich, einen lieben Menschen jäh verliert, plötzlich stehen wir da und die ganze Welt, die man sich erschaffen hat, bricht mit einem Mal komplett zusammen. Wir werden konfrontiert mit Gefühlen wie Hilflosigkeit, Trauer, Einsamkeit und Verlassenheit – doch irgendwann schaffen wir es dann wieder, uns aus diesem Gefühlschaos herauszubegeben. Und neue Kontakte heilen alte Wunden, sodass wir es schaffen, unser Leben (und damit unsere psychischen Grundbedürfnisse) wieder ins Gleichgewicht zu bringen. Für mich war so ein Moment, als nach meinem Unfall und dem Verlust meiner Frau die Beziehung zu meiner Physiotherapeutin immer enger wurde. Bis ich schließlich feststellte, wie gut sie mir tat. Von da aus war es nur noch ein kleiner Schritt, um mein Leben wieder nach meinen eigentlichen Bedürfnissen auszurichten und weitermachen zu können.

Ebenso kann sogar ein Umzug in eine andere Umgebung oder Stadt schon ausreichen, um die Umsetzung unserer tiefsten Bedürfnisse zu beeinträchtigen. Mit einem Mal stehen wir vielleicht da ohne unseren vertrauten Bekanntenkreis, wir fühlen uns allein und unsicher. Doch nach und nach lernen wir auch hier Menschen kennen, die uns guttun und die uns stabilisieren. Mache dir deshalb in solchen Phasen stets klar, dass wir sie benötigen! Ohne sie ist eine persönliche Weiterentwicklung nicht möglich, wir würden komplett stagnieren. Insofern sollten wir Veränderungen in unserem Leben immer auch positiv sehen und als Chance für unser Wachstum begreifen. Wenn wir so darauf blicken, werden wir außerdem erkennen, wie sehr uns diese Situationen auch helfen, ein Plus an Selbstvertrauen zu gewinnen.

Hochgradig problematisch wird es allerdings, wenn wir es auf Dauer nicht schaffen, die Grundbedürfnisse zu realisieren. Für mich stellte sich damals irgendwann sogar die existenzielle Frage: Wer bin ich eigentlich unter all den Masken und Personen, die ich inzwischen angenommen habe? Nur um den vielen Anforderungen meiner Umwelt gerecht zu werden. Es fühlte sich so an, als hätte ich mein ureigenes Ich verloren. Tatsächlich führt es oft genug dazu, dass psychische Probleme auftreten, wenn wir zu lange mit negativen Gefühlen kämpfen oder Stress empfinden, weil wir unsere Bedürfnisse nicht entsprechend ausleben können. Nehmen wir doch noch mal das Beispiel des Umzugs in eine andere Stadt: Anfangs ist es durchaus normal, wenn wir uns einsam fühlen. Doch schaffen wir es nicht, irgendwann neue Kontakte zu knüpfen, wird dieses Gefühl so übermächtig, dass am Ende echte Verzweiflung entsteht – der Beginn einer realen Depression. Und derartige Entwicklungen aus langfristig vernachlässigten Grundbedürfnissen nicht real! Die Statistiken und Erfahrungsberichte sprechen eine klare Sprache.

Noch wesentlich gravierender sind die Folgen einer solchen Bedürfnisvernachlässigung, wenn wir damit bereits in unserer Kindheit konfrontiert werden! In dieser Phase sind wir hochgradig abhängig von unseren Bezugspersonen, sodass ständige

Abwertungen, Vernachlässigungen oder fehlende positive Erfahrungen und Bestätigungen tiefgehende seelische Verletzungen zur Folge haben. Wenn ein Baby nicht genug Nahrung erhält oder anderswie körperlich vernachlässigt wird, sind die Folgen irgendwann offensichtlich: Es magert ab, kränkelt oder bekommt vielleicht Hautprobleme durch die mangelnde Hygiene. Die Reaktionen auf eine Nicht-Erfüllung der psychischen Grundbedürfnisse sind auf den ersten Blick nicht so einfach erkennbar, da sich hier das meiste zunächst unter der Oberfläche abspielt. Doch fehlende Beachtung, das Verweigern von Nähe oder zunehmender Autonomie und Derartiges mehr werden weiter schwelen wie eine eitrige Wunde. Und spätestens im Erwachsenenalter bricht diese Wunde oftmals auf. Typischerweise treten psychische Erkrankungen im Alter von rund 30 Jahren auf, so lange ist die „Halbwertszeit" solcher Verletzungen. Mangelnde Nähe und Zuneigung äußern sich dann vielleicht in Bindungsschwierigkeiten und unglücklichen Beziehungen. Sätze wie „Das kannst du nicht, dafür bist du doch viel zu ungeschickt/ zu dumm/ …" nagen vielleicht so sehr am Selbstwert, dass so ein Erwachsener sich gar nicht mehr traut, etwas Neues auszuprobieren. Schließlich wurde ihm ja von vornherein jegliche Kompetenz abgesprochen. Scheitern aufgrund von mangelnder Erfahrung wird er stets darauf schieben, dass er (oder sie) eben von Natur aus zu ungeschickt ist – und kapitulieren. Aber auch die andere Variante ist möglich: Wurde in der frühen Kindheit das Bedürfnis nach Selbstwert bzw. Selbstwerterhöhung nie oder nicht ausreichend unterstützt, so wird diese Person vermutlich ihr Leben lang auf der Suche sein nach Situation, durch die das eigene Selbst aufgewertet wird. Vielleicht leistet so ein Mensch besonders viel, macht Karriere oder erwirbt gar einen Doktortitel. Nur unglücklicherweise wird all das verletzte Bedürfnis aus der Kindheit nicht aufwiegen. Nicht umsonst passiert es genau solchen besonders leistungsbereiten Menschen ausgesprochen häufig, dass sie geradewegs in einen Burn-out hineinrutschen. Ebenso lassen sich zahlreiche psychische Probleme wie Ängste, Depressionen, Bindungsstörungen und Co. in hoher Zahl auf eine ungenügende Bedürfnisbefriedigung in der frühen Kindheit herunterbrechen. Und dabei geht es gar nicht einmal darum, ob die Eltern dies schlicht aus einer emotionalen Gleichgültigkeit heraus „verweigert" haben! Sehr häufig sind Mütter und Väter aufgrund eigener psychischer Probleme gar nicht in der Lage, die kindlichen Bedürfnisse angemessen zu erfüllen. Sie würden es wirklich schrecklich gerne – schaffen es aber nicht. Heutzutage weiß man hinlänglich gut, dass Kinder von Eltern, die an einer seelischen Erkrankung leiden, diese Disposition gewissermaßen erben. Sie sind psychisch vorbelastet, ebenfalls zu erkranken. Meine leider zu früh verstorbene Frau war ein Paradebeispiel dafür, wie ich inzwischen weiß. Ihre Mutter hatte es alles andere als leicht als Kind. Sie wuchs im Krieg auf und musste viel zu früh, viel zu viel Verantwortung übernehmen. Ihr Vater war früh in Kriegsgefangenschaft geraten und ihre Mutter musste sich deshalb alleine um die insgesamt neun Kinder kümmern und diese irgendwie durchbringen. Deshalb musste die Mutter meiner Frau schnell Mitverantwortung für ihre kleineren Geschwister übernehmen, obwohl sie nicht einmal zwölf Jahre alt war zu diesem Zeitpunkt. Ein Drama, das darin endete, dass dieses kleine Mädchen sich von ihrem ganzen Leben überfordert fühlte. Es hatte die Aufgaben von Erwachsenen erfüllen müssen, lange bevor es dazu bereit gewesen wäre. Wenige Jahre später stellten sich die ersten Ängste ein, die schließlich in einer massiven generalisierten Angststörung gipfelten. Meine Frau hatte früher oft kopfschüttelnd erzählt, was ihre Mutter deshalb alles nicht in ihrem Leben tun konnte. Dass sie nicht mehr durch Tunnel fuhr, war noch das kleinste Problem! Mit der Zeit zog sie sich fast komplett aus dem Leben zurück und hielt es nur noch in der vertrauten Umgebung ihrer Dreizimmerwohnung aus. Als meine Frau schließlich bei sich die ersten Anzeichen von Ängsten feststellte, war das ein heftiger Schlag für sie. Nie hatte sie so werden wollen wie ihre Mutter – und war irgendwann auf dem besten Wege, selbst eine Angsterkrankung zu entwickeln.

Genau aus diesem Grund, weil unsere kindlichen Verletzungen sich in unserem Leben fortsetzen und gewissermaßen die unter allem liegende Grundmelodie sind, ist diese Phase auch so oft Thema in Psychotherapien. Wir können das Geschehene natürlich so nicht ungeschehen machen, aber wenn wir begreifen, was passiert ist, können wir lernen, damit umzugehen. Genauer: besser umzugehen.

Aber ich möchte dir auch nicht verheimlichen, dass es oft genug nicht ganz einfach ist, die bereits so oft zitierte Balance zwischen unseren Grundbedürfnissen sicherzustellen. Denn obwohl es sich doch eigentlich „nur" um vier simple Punkte handelt, die umgesetzt werden wollen, können sich diese doch allzu schnell in die Quere kommen. Der Beginn eines echten Dilemmas. Eine alte Freundin aus Studientagen ist das Paradebeispiel dafür: Claudia ist eine wunderbare, selbstbewusste Frau, die schon einiges in ihrem Leben erreicht hat. Ich bewundere sie wirklich für ihre unglaubliche Zielstrebigkeit. Sie ist als erfolgreicher Coach ständig in ganz Europa unterwegs, um sich mit Kunden zu treffen. Die Arbeit, die sie leistet, ist wirklich außergewöhnlich! Wenn sie Lust dazu hat, schaufelt sie sich ein paar Tage frei und fliegt in die Sonne, am liebsten nach Rom oder ins Tessin, um mal komplett abzuschalten. Nur diese beneidenswerte Autonomie hat auch ihren Preis: Claudia ist Dauer-Single seit bestimmt 30 Jahren. Sie hatte nie die Zeit, um den richtigen Partner zu finden. An die Gründung einer Familie war nie zu denken. Und jetzt, angekommen in ihren 50ern, beginnt sie, das doch zunehmend zu bedauern, wie sie mir letztens bei einem Glas Rotwein verriet. Sie war sehr traurig, denn sie hatte es nicht geschafft, ihre Bedürfnisse nach Autonomie und Bindung unter einen Hut zu bringen. Bei ihr hat sich die Waage zu sehr auf die eine Seite geneigt – mit entsprechenden Konsequenzen.

Auf der anderen Hand muss man natürlich auch sagen, dass die einzelnen Bedürfnisse nicht bei jedem immer mit der gleichen Gewichtung auftreten. Dies ist durchaus individuell verschieden. Vielleicht ist Claudia tatsächlich die Autonomie so viel wichtiger als die Gründung einer Familie, und sie wird wunderbar zufrieden sein, wenn sie sich die Zeit nimmt, um endlich den richtigen Partner zu finden. Einen Mann, der ihr Leben mit ihr teilt und sie so sein lässt, wie sie ist. Außerdem sind die Bedürfnisse in unterschiedlichen Lebensphasen nicht unbedingt gleich wichtig. In der Pubertät überschattet etwa das Streben nach Autonomie und Unabhängigkeit von den Eltern beinahe alles. Ein ganz normaler, sinnvoller Vorgang. Hier entstehen deutlich größere Probleme, wenn man dieses Bedürfnis nachhaltig unterbindet. So kann es etwa zu einer langfristigen, deutlich zu engen Bindung an die Eltern kommen, weil der wichtige Abnabelungsprozess niemals ganz vollzogen wird.

Bestimmt scharrst du bereits innerlich mit den Hufen, weil sich dir eine ganz entscheidende Frage aufdrängt: Wie gelingt es mir denn nun, dass ich meine psychischen Grundbedürfnisse in eine gesunde Balance bringe? Eigentlich ist es relativ simpel – zumindest vom Grundprinzip her. Ich hatte die Lösung bereits vorher auch schon angedeutet. Als Allererstes musst du deine eigenen Bedürfnisse erkennen. Im nächsten Schritt gilt es dann, sie möglichst zu befriedigen. Dein innerer Kompass, der dir zeigt, wann du auf dem richtigen Weg bist, sind deine Gefühle. Frage dich selbst einmal (und bitte ehrlich sein!), wann du dich wirklich gut und authentisch fühlst – und wann ganz fürchterlich. Liebst du Erfolge aller Art, sind dir deine Freunde ganz besonders wichtig? Ist Unabhängigkeit dein A und O? – Hast du die Situationen erkannt, gehst du eine Ebene weiter. Überlege jetzt, welches Bedürfnis dahinterstecken könnte. Gehe auch bei den negativen Empfindungen so vor und finde so heraus, wo deine Defizite oder schlicht Schwachstellen liegen. Ist das geschafft, solltest du dich ganz ehrlich fragen, ob deine Bedürfnisse in einem gesunden Verhältnis zueinander stehen. Oder gibt es einen Punkt, der bei dir ganz klar überwiegt? Oder fehlt etwas?

Manchmal passiert es sogar, dass unsere Bedürfnisse in einen krassen Widerspruch zueinander geraten. Eine neue Beziehung wird unseren instinktiven Wunsch nach Bindung gewissermaßen kurzzeitig „übererfüllen". Das stellt jedoch meist kein Problem dar, da dieser Zustand normalerweise nach und nach ein wenig abflauen wird. Vorwiegend passiert das nach der Phase der allerersten Verliebtheit ganz automatisch. Ein echtes Dilemma entsteht jedoch, wenn du dich plötzlich in einer toxischen Beziehung wiederfindest. Zwar ist hier dein Bedürfnis nach Bindung höchstwahrscheinlich im Übermaß erfüllt, weil toxische Partner dazu neigen, den anderen möglichst „mit Haut und Haaren" zu verschlingen und komplett zu vereinnahmen, aber dies hat eben auch eine Kehrseite. Überwiegend geht dies klar auf Kosten deiner Selbstbestimmung. Toxische Partner tun alles, damit du nur noch für sie zur Verfügung stehst! Eine ihrer typischen Methoden ist es beispielsweise, dich von deinen ganzen anderen Kontakten zu trennen. Sie können es einfach nicht ertragen, wenn sie nicht deine komplette Aufmerksamkeit erhalten. Nicht umsonst ist in so einem Fall eine Trennung letztlich die einzig sinnvolle Option. Dennoch kämpfen viele Partner von toxischen Menschen trotz aller Verletzungen extrem damit, die Beziehung zu beenden. Nicht nur aus Angst vor Kurzschlusshandlungen des Narzissten an ihrer Seite, sondern ebenso, weil hier Bindung in einem besonders intensiven Sinne verwirklicht wird. Hat man sich endlich durchgerungen, den Absprung zu wagen, so folgt eine extrem schwierige, psychisch sehr belastende Zeit. Denn ehe der innere Widerspruch der Bedürfnisse nicht ausgeglichen ist, ist die Teilnahme am „normalen" Leben kaum möglich.

Deshalb meine Bitte an dich: Achte auf dein Bauchgefühl! Es hilft dir unglaublich dabei, deine so entscheidenden Grundbedürfnisse zu erkennen.

REFLEXIONEN

Jetzt ist es an der Zeit, einmal einen Moment über deine Kindheit nachzudenken.

Werde dir klar darüber, wie sie – aus der Rückschau – war. Richte deinen Fokus auf die positiven Impulse, die du aus deinem Elternhaus mitgenommen hast, sowie auf mögliche Defizite, um dir Klarheit zu verschaffen.

---

1. Wer waren deine engsten, wichtigsten Bezugspersonen in deiner Kindheit (Eltern, Großeltern, Geschwister, andere Versorger)?

2. Auf welche Art und Weise hast du damals Wärme und Liebe erfahren? Beschreibe, wie jeweils die Bindung zu deinen Bezugspersonen aussah.

3. Du kennst nun die psychologischen Grundbedürfnisse. Überlege, ob diese in deiner Kindheit verwirklicht werden konnten, oder eher nicht.

a.) Nenne für jedes einzelne Grundbedürfnis eine Situation, wo dieses befriedigt wurde (= insgesamt vier Erfahrungen).

b.) Erinnere dich nun an Momente, wo deine Grundbedürfnisse missachtet (= insgesamt vier Erfahrungen).

4. Manchmal stehen die psychologischen Grundbedürfnisse im Widerspruch zueinander.

a.) Geht es dir auch so?

b.) Welche Grundbedürfnisse kollidieren bei dir manchmal? Warum ist dies so?

c.) Hast du eine Idee, wie du jetzt diese widerstreitenden Bedürfnisse besser „aussöhnen" könntest?

3

DEIN VERLETZTES INNERES KIND UND WARUM ES GEHEILT WERDEN WILL

„Du hast deine Kindheit vergessen, aus den Tiefen deiner Seele wirbt sie um dich. Sie wird dich so lange leiden machen, bis du sie erhörst."

— HERMANN HESSE

---

*W*elche Gedanken kommen dir spontan in den Sinn, wenn die Rede auf deine Kindheit kommt? Viele denken zunächst an solche Dinge wie spielen, lachen, ausprobieren. Andere haben dann vielleicht eher einen Klumpen im Bauch, weil sie sich möglicherweise hilflos gefühlt haben. Vielleicht wurden sie seelisch oder körperlich verletzt oder wurden anderswie manipuliert. Nur oft genug hat man einen Klumpen im Bauch, ohne dass man direkt sagen könnte, wieso das so ist. Unglaublich viele Menschen, bei denen als Erwachsene psychische Probleme auftreten oder die mit sich oder ihrem Leben unzufrieden sind, haben die Ereignisse dahinter schlicht und ergreifend verdrängt. Aus Selbstschutz. Nur was sie nicht ungeschehen machen können, so sehr sie sich auch bemühen, sind die Auswirkungen dieser negativen Erfahrungen in der Kindheit im eigenen Gehirn. Dort entsteht durch die Ereignisse eine regelrechte „Stressnarbe".

Wenn wir sogar einmal ganz genau hinschauen, sind Kindheit und Kind sein oft genug alles andere als einfach nur schön und harmonisch. Das geht beispielsweise schon mit der Zeugung los! Entsteht das Kind aus purem Zufall, weil nicht genug aufgepasst wurde? Ist es ein echtes Wunschkind? Oder soll damit womöglich der Partner gehalten werden? Manchmal entstehen Kinder auch schlicht nur deshalb, weil die Eltern womöglich so etwas wie eine Art Torschlusspanik bekommen, aus Angst, am Ende ohne Nachwuchs dazustehen, der sich später um einen kümmert. Es gibt zahlreiche Gründe – und ein guter Teil davon ist durchaus höchst egoistisch, wenn wir ehrlich sind. Der österreichische Psychotherapeut und Kommunikationswissenschaftler Paul Watzlawick unterteilt unseren Nachwuchs deshalb in Lebenssinnkinder, Ehekittkinder und Frauenrollendefinitionskinder. Er hat darüber hinaus auch etwas ausgesprochen Kluges gesagt: Man könne bei der Wahl seiner Eltern nicht vorsichtig genug sein. Besser kann man es eigentlich nicht zusammenfassen.

Immerhin sind unsere Eltern und vor allem natürlich unsere Mutter die entscheidenden Bezugspersonen in der frühen Kindheit. Ganz nüchtern gesagt, sind wir ihnen und ihren Entscheidungen in den ersten fünf Lebensjahren letztlich ausgeliefert. Eine Situation, die in regelrechten Kindheitskatastrophen enden kann, wenn das Schicksal hart zuschlägt. Regelmäßig sorgen in Müllcontainern ausgesetzte Babys für Schlagzeilen, mit Säuglingsklappen soll lediglich das Schlimmste verhindert werden. Und das ist nur der Start. Aufgrund der enormen Abhängigkeit von Kleinkindern ist es fatal, wenn die Eltern selbst Probleme haben. Vielleicht ist der Vater unglücklicherweise sehr streng, überaus ehrgeizig, alkoholkrank oder schlägt schnell mal zu, wenn er überfordert ist. Manchmal ist die Mutter depressiv, leidet unter Ängsten, ist vielleicht schnell überfordert. Ist die Ehe glücklich oder steht eine Scheidung an? Soll das Kind sich entscheiden, zu welchem Elternteil es hält? Wird es manipuliert? Provozieren die Eltern einen unguten Wettstreit zwischen Geschwistern, der in eine echte Rivalität ausufert? Wie ist das Familienleben? Herrscht eine Atmosphäre der Herzlichkeit, echten Anteilnahme und Nestwärme? Oder sind Distanz, Sauberkeit, Benimm und gute Leistungen das Maß aller Dinge? Es kann wirklich unglaublich viel schiefgehen in der Bindung an die Eltern, ohne dass die das wirklich beabsichtigen.

Weniger problematisch ist es, wenn es sich dabei um „Ausrutscher" handelt. Dann können Kinder traumatische Erlebnisse meist noch verwinden. Sind sie dagegen Tag für Tag Verletzungen ausgesetzt, wird sich dies zu einer regelrechten „Narbe" im Gehirn entwickeln. Es ist wissenschaftlich inzwischen gut belegt, dass andauernder Stress das unreife Gehirn von Babys nachhaltig verändert. So bleibt die Hypothalamus-Hypophysen-Nebennierenrinden-Achse dauerhaft empfindlicher und auch der Hippocampus (zuständig für unser „Gedächtnis") verkleinert sich. Traumata und Stress in dieser Phase ist zudem problematisch, da Ausbildung und Verknüpfung von Neuronen empfindlich gestört werden. Des Weiteren geht man davon aus, dass besonders das limbische System und der rechtsseitige Hirnstamm betroffen sind, da in der rechten Hirnhälfte so wichtige Erfahrungen wie Bindungs- und Beziehungsverhalten, die Steuerung unserer Affekte sowie unser Umgang mit Stress angesiedelt sind. Fazit: Nur durch sichere Bindungserfahrungen kann ein Kind eine gute Stressachse im Gehirn und eine optimale Vernetzung von Nervenbahnen entwickeln. Ansonsten wird es mit größter Wahrscheinlichkeit später Probleme entwickeln. Doch da vor unserem dritten Lebensjahr unser Hippocampus (= das bewusste Gedächtnis) noch nicht genügend ausdifferenziert ist, werden wir uns nicht bewusst an die traumatisierenden Dinge erinnern.

Wie könnte so etwas konkret aussehen? Stell dir ein zweijähriges Kind vor, das immer dann, wenn es etwas sagen möchte, angeschrien wird: „Sei still, wenn sich Erwachsene unterhalten!" Diese Erfahrung wird das Kind in der Großhirnrinde verarbeiten – und es wird gleichsam eine „Narbe" sein. So ein Kind entwickelt deshalb später möglicherweise eine Angststörung oder bringt vor anderen kein Wort heraus, weil es an einer ausgeprägten sozialen Phobie leidet. Das Schlimme dabei ist nur: Es kennt die Ursache dafür nicht.

Bei Traumata ist der Mechanismus übrigens ähnlich. Erlebt ein Kind in den Prägungsjahren vielleicht einen Wohnungsbrand mit, so kann dieses einschneidende Erlebnis dazu führen, dass es sogar Angst vor Kerzenschein entwickelt. Es wird das Erlebnis gewissermaßen „verallgemeinern".

Diverse Studien untermauern den engen Zusammenhang von belastenden Erlebnissen in der Kindheit und Problemen als erwachsener Mensch sehr eindrucksvoll. Laut einer Untersuchung der Bundespsychotherapeutenkammer soll dies sogar bei mehr als zwei Fünftel der Deutschen belegbar sein. Knapp 44 Prozent davon kämpfen mit den Nachwirkungen von Trennungen, elterlichem Alkohol- oder Drogenmissbrauch sowie einer ungenügenden emotionalen Zuwendung. Sei dies nun eine echte Misshandlung oder schlicht eine Vernachlässigung. Anderen Studien zufolge sollen ganze 99 Prozent unserer Probleme ihren Ursprung in den Prägungsjahren haben (also verletzende Ereignisse bis zum 6./7. Lebensjahr). Wenn jemand also nicht Nein sagen kann, unzufrieden mit seinem Äußeren ist, immer die falschen Freunde oder Partner hat, dann können wir noch so viel versuchen, die Symptome zu bekämpfen – wir werden dies nicht auflösen. Trotz der allerbesten Vorsätze landen wir mit Sicherheit immer wieder in derselben Situation. Wir können von unserer kindlichen „Programmierung" her einfach gar nicht anders.

Vor Jahren habe ich mich einmal über die unzähligen unglücklichen Frauen gewundert, die sich in den Nachmittags-Talkshows immer wieder beschwerten, ständig an die gleichen (unguten) Männer zu geraten. Als ich mich mit einem Bekannten darüber austauschte, sagte der etwas sehr Kluges: Sie müssen das so lange tun, bis sie eine Lösung gefunden haben. Instinktiv arbeiten sie immer wieder das gleiche Problem ab, in der Hoffnung, irgendwann das Dilemma zu bewältigen. Vorher können sie nicht aufhören, sich diese Männer auszusuchen. Im ersten Moment war ich fast ein wenig empört! Wie kann man nur so etwas beinahe Zynisches sagen? Schließlich leiden die Frauen ja tatsächlich unter ihren Entscheidungen. Natürlich ist die Ansicht überspitzt, doch der Kerngedanke trifft es auf den Punkt: Wenn wir nicht lernen, das eigentlich dahintersteckende Problem zu identifizieren, werden wir immer wieder um dieselbe Sache kreisen. Erst eine echte, bewusste Reflexion unserer Verhaltensmuster zeigt uns, wo der „Notausgang" ist. Setzen wir uns nicht damit auseinander, so laufen wir weiter in unserem ganz persönlichen Hamsterrad. Die Bedürfnisse, die in unserer Kindheit nicht erfüllt worden sind, treiben uns bis ans Ende unseres Lebens an und steuern unsere gesamten Handlungen.

Was bedeutet das für dich? Du musst dich für einen bewussten Ausstieg entscheiden! Anders geht es nicht.

NICHT „NEIN" SAGEN KÖNNEN UND DAS INNERE KIND

Ich gebe zu, dass ich die meiste Zeit meines Lebens bei solchen Aussagen selbst abgewunken hätte. Für so jemanden wie mich, der gerne mit Zahlen und Fakten hantiert und eigentlich ein durch und durch realistischer und realitätsbezogener Mensch ist, klingt es im ersten Moment tatsächlich sehr merkwürdig, nun plötzlich in der Kindheit herumzustochern. An allem und jedem, wenn's im Leben nicht klappt, sollen damals nicht befriedigte Bedürfnisse schuld sein? Ganz ehrlich, ich hätte das bis vor meinem Autounfall als eine Art „Ausrede" angesehen. Meine Denke damals war: Ist doch egal, was in der Kindheit war! Vorbei ist vorbei und wir können jetzt daran auch nichts mehr ändern. Aber wir sind erwachsen und sind dann doch wohl in der Lage, das zu tun, was richtig ist. Schließlich haben wir doch einen Kopf zum Denken und haben es in der Hand, uns richtig zu entscheiden. Basta!

Tja, manchmal ist man eben doch ein wenig unbelehrbar und muss vielleicht erst etwas Nachhilfe vom Schicksal erhalten, um das einzusehen. Dass der Autounfall, bei dem meine Frau das Leben verloren hat, für mich persönlich ja ein harter Reset war, hatte ich schon erwähnt. Er hat wirklich alles komplett auf links gedreht – nicht nur mein Familienleben, auch meine Sichtweise auf die Dinge an sich. Deshalb trifft es wirklich zu, wenn ich sage, der Unfall hat mich bis in die Grundfesten erschüttert. Doch wie heißt es so schön? Wenn sich irgendwo eine Tür schließt, öffnet sich anderswo ein Fenster. Genau so ging es mir. Zum Glück.

Dass meine Physiotherapeutin eine entscheidende Rolle bei dieser Kehrtwende spielte, hatte ich ebenfalls bereits angedeutet. Tatsächlich würde ich heute aus der Rückschau sogar sagen, dass sie mich ins Leben zurückgeholt hat. Sie hat immerzu an mich und meine innere Stärke geglaubt, an meine Fähigkeit, mich an den Haaren aus diesem emotionalen Sumpf zu ziehen. Sie hat an mich und auch an meinen Stolz appelliert, bloß nicht aufzuge-ben. Kurzum: Meine Physio war das Beste, was mir passieren konnte! Die Bindung, die zwischen uns nach und nach entstand, war es letztlich, die mir auf die Füße half (im wortwörtlichen und übertragenen Sinne) und die komplette Neuausrichtung meines Lebens bewirkte. Dafür kann ich ihr gar nicht genug danken.

Inzwischen ist sie die Frau an meiner Seite, dennoch hat es eine ganze Weile gedauert, bis sie mir erzählte, wieso sie bei mir so dran geblieben war und mich gewissermaßen sogar „nötigte", die Gruppentherapie in der Reha zu besuchen. Sie hatte selbst am eigenen Leib erlebt, was alte seelische Verletzungen bewirken. Erst die Arbeit am inneren Kind half ihr allerdings, diese zu bewältigen. Seither war es deshalb mein Herzenswunsch, dieses Buch zu schreiben.

Meine jetzige Partnerin ist inzwischen eine sehr geradlinige, starke Frau, die sehr in sich ruht und zugleich bemerkenswert zielstrebig ist. Doch das war nicht immer so. Vor ihrer eigenen Therapie sei sie eine eher zurückhaltende, schüchterne Frau gewesen. Jemand, der unter dem Radar fliegt, wie sie es gerne mit einem Augenzwinkern formuliert. Andere Menschen wunderten sich immer, weil sie so lange Single war, immerhin sei sie doch durchaus attraktiv und obendrein noch sehr intelligent. Sie zuckte dann nur vage mit den Schultern, denn selbst wenn ein Mann sich traute sie anzusprechen, machte sie meist postwendend einen Rückzieher. Ihre Devise war: bloß niemanden zu dicht an sich heranlassen! Warum dies so wichtig war, wusste sie damals selbst nicht. Nur unglücklicherweise hatte ihr diese Strategie ihr Leben lang wenig genützt, denn wiederholt kam sie an Menschen, die sie ausnutzten. Nach Strich und Faden. Ausgerechnet die Mädchen und später Frauen, die sie für ihre besten Freundinnen hielt, waren genau diejenigen, die sie sogar besonders schlimm ausnützten – emotional und durchaus auch finanziell. Weil ihr Geld nicht so wichtig war, lieh sie den Freundinnen auch unkompliziert etwas, wenn die gerade eine große Anschaffung planten, ein letztes Mal mit den Eltern in den

Urlaub fahren oder sich einen anderen Herzenswunsch erfüllen wollten. Meine Partnerin konnte einfach nicht Nein sagen und hatte auch das Bedürfnis, diese doch verständlichen Wünsche erfüllen zu helfen. Außerdem würde sie das ganze Geld ja zurückbekommen, jedenfalls wurde das stets beteuert. Nur unglücklicherweise hatten diese Freundinnen nie Geld über, noch nicht einmal besonders dankbar zeigten sie sich für das Aushelfen. Denn im Gegenzug wurden sie zusehends übergriffiger. Die letzte „beste Freundin" machte meiner Partnerin irgendwann nur noch Vorwürfe – trotz Unterstützungen in Höhe von mehreren Tausend Euro. Nichts, rein gar nichts machte sie der Freundin recht. Wenn sie nichts von sich erzählte, war es falsch. Erzählte sie, was sie auf ihrem Herzen hatte, hörte die Freundin ihr nicht zu. Vorschläge für gemeinsame Unternehmungen waren nur gut und umsetzbar, wenn sie von der Freundin kamen. Hatte meine Partnerin mal eine Idee, war dies angeblich nicht realisierbar. Als sie irgendwann gar keine Vorschläge mehr machte, war dies aber auch nicht richtig. Doch das war nur der Anfang: Irgendwann gingen die Schreierei und die Vorwürfe los. „Das ist doch so simpel! Das versteht doch jeder! Wieso bekommst du das nicht hin?!", „Stell dich doch nicht so dämlich an!", oder „Nun hab dich doch nicht so, das kannst du doch mal machen!", und derartiges mehr. Ein schlichtes Nein wurde nicht akzeptiert, wenn die Freundin ihren Willen durchsetzen wollte. Nach und nach entwickelte sich die „Freundschaft" zu einer echten toxischen Beziehung. Und durch die ganzen perfiden Methoden verlor meine Partnerin nicht nur ihr komplettes Selbstvertrauen und ließ sich von ihren sozialen Kontakten isolieren, sondern fing irgendwann auch an, an ihrem Verstand zu zweifeln. War sie vielleicht am Ende wirklich so ein dummer, tollpatschiger und nutzloser Mensch, wie die vermeintliche Freundin behauptete?

Es kam, wie es kommen musste: Meine Partnerin entwickelte erst eine Angststörung, um dann nach und nach in eine echte

Depression abzurutschen. Schließlich kündigte sogar von einem Tag auf den anderen ihre damalige Arbeitsstelle. Die neue Chefin hatte viele Dinge umgestellt, sodass auch der Job zunehmend stressiger wurde – und mit zwei Baustellen kam meine Partnerin damals schlicht und ergreifend nicht mehr klar. Wenige Monate später kam dann das endgültige Aus. Nichts ging mehr. An diesem Punkte bekam die Physiotherapeutin selbst von ihrem Hausarzt eine Reha verschrieben – in einer psychosomatischen Tagesklinik.

Es war eine harte Zeit gewesen, hatte sie mir bei unserem Gespräch erklärt. Hart, aber trotzdem gut. Sie hätte endlich begriffen, was mit ihr los sei, wieso sie sich immer wieder an solche Menschen gehängt hatte. Und das war für sie der Schlüssel, diese Abhängigkeiten und toxischen Beziehungen endlich zu beenden.

Vorher hatte sie noch nie etwas von der Arbeit am inneren Kind gehört. Doch genau das war es schließlich, womit ihr die Therapeutin nachhaltig half. Denn gemeinsam begannen sie, die Ursachen für dieses ungünstige Verhalten zu ergründen. Und die lagen tatsächlich in der Kindheit meiner jetzigen Partnerin.

Was ich zu hören bekam, brachte eine Saite in mir zum Schwingen. Es war so unglaublich traurig, dass so ein wunderbarer Mensch so früh solche Dinge erfahren musste. Zwar hatte meine Partnerin zwei wirklich sehr liebe, bemühte Eltern, doch diese hatten selbst ihre Probleme, mit denen sie fertig werden mussten. Da das Geld knapp war, arbeiteten beide viel. Wenn der Vater von seinem Job als Außendienstler abends nach Hause kam, ruhte er sich nur kurz aus, dann fuhr er mit der Mutter wieder los zu ihrem weiteren Job. Sie jobbten beide noch nebenbei im Kino, fast jeden Abend damals. Durch die Arbeit mit dem inneren Kind kam heraus, was in dieser Zeit zu Hause geschah. Das kleine Mädchen war mit ihrer großen Schwester zu Hause, diese sollte auf sie aufpassen – doch darauf hatte der Teenager alles andere als Lust. Dem Kleinkind war allerdings mehr als bewusst, wie abhängig sie von der älteren Schwester war, und tat alles, um diese gewogen zu stimmen. Sie schenkte ihr ihr Sparschwein und alles, was der Schwester von ihren Sachen gefiel. Im Gegenzug wurde sie immer wieder angeschrien und kleingemacht. Sie sei für alles zu dumm und wäre nur lästig. Oftmals nahm der Teenager ihre kleine Schwester auch heimlich mit zu Treffen mit ihrer Freundesclique, dort machten sich dann alle über sie lustig und hänselten sie, wenn sie nicht sowieso ausgeschlossen wurde und immer mehrere Meter Abstand zu den Pubertierenden halten musste.

„Petzen" durfte das Kleinkind natürlich auch nicht. Ihre große Schwester dachte sich wilde Drohungen aus, falls sie den Eltern irgendetwas von all dem erzählen würde. Insofern war der Mund des kleinen Mädchens versiegelt. Und die Sache kam erst dann zu einem vorläufigen Stillstand, als die Mutter aus gesundheitlichen Gründen aufhörte, abends zu arbeiten, und sich wieder um die Kinder kümmern konnte. Ich bin mir nicht sicher, dass die Eltern inzwischen überhaupt vollumfänglich erfahren haben, was sich abends bei ihren Kindern abspielte.

Nur wenige Jahre später eskalierte das Leben des kleinen Mädchens dann allerdings komplett. Sie hatte in der Grundschule endlich eine beste Freundin gefunden! Sie war außer sich vor Freude, denn es war eines der beliebtesten Mädchen der Klasse. Jetzt war sie immer überall dabei, wenn sie auch meist nur wortlos dabei stand. Irgendwann entwickelte die Freundschaft eine ganz eigene Dynamik, das kleine Mädchen begann, der anderen alles recht machen zu wollen – um sie nur ja nicht zu verlieren. Sie macht der Freundin Geschenke, sagte immer zu allem ja. Dies ging so lange gut, bis das Mädchen dann doch einmal Nein sagte. Die Freundin hatte beschlossen, mit dem Mädchen und einer anderen Freundin zusammen auf einen

Ponyhof zu fahren. Im allerletzten Moment bat das Mädchen seine Eltern darum, doch nicht fahren zu müssen. Es hatte schlicht und ergreifend Angst, ununterbrochen die Dritte im Bunde zu sein. Das fünfte Rad am Wagen. Als die vermeintliche Freundin von diesem „Ungehorsam" hörte, brach kurze Zeit später die Hölle los für das Mädchen.

Es folgte Mobbing der schlimmsten Art: Niemand in der Schulklasse sprach mehr mit ihr. Schulkameraden lauerten ihr auf und drohten ihr Prügel an. Den letzten zwei Mädchen aus der Klasse, die noch zu meiner jetzigen Partnerin hielten, wurde ebenfalls übel mitgespielt. Einer wurden sogar die Reifen am Fahrrad mit einem Messer aufgeschlitzt. Meine Partnerin, damals gerade 11 Jahre alt, versuchte, sich dieser unerträglichen Situation zu entziehen, indem sie wochenlang nicht mehr zur Schule ging. Erst suchte sie ihre Zuflucht in Kopf- oder Bauschmerzen. In ihrer Not war sie felsenfest davon überzeugt, dass es alles nur noch viel schlimmer machen würde, wenn sie ihren Eltern sagte, was abläuft. Denn die würden mit den Eltern der früheren Freundin sprechen und mit den Lehrern – und dann gäbe es sicherlich noch zusätzlich einen Rachefeldzug. Und ihr Vater würde sie in der Schule nicht schützen können.

Als ihre Eltern mit ihr zum Arzt gehen wollten, behauptete sie, es ginge ihr wieder besser. Die Kopf- und Bauchschmerzen wären weg. Künftig fuhr das Mädchen nun jeden Morgen wie üblich mit dem Fahrrad los und kam mittags zurück. Doch anstatt in die Schule zu fahren, radelte sie in einen nahe gelegenen Wald und verbrachte dort die vier oder fünf Unterrichtsstunden. Jedenfalls so lange, bis ein Lehrer sich bei ihren Eltern erkundigte, wie es ihr denn gehe?

Inzwischen gab es keine Ausrede mehr und meine Partnerin musste wieder in die Schule. Am ersten Tag wurde sie von den Mitschülern nahezu komplett ignoriert. Am zweiten Tag in der ersten großen Pause eskalierte die Situation. Das Mädchen huschte als erste nach dem Klingeln aus der Klassenzimmertür – dann folgten ihr die anderen wie eine rasende Meute. Die Mädchen folgten ihr, als meine Partnerin sich auf die Damentoilette flüchtete. Dort drängten sie sie in eine Ecke und drohten Prügel an – doch in diesem Moment gingen bei meiner Partnerin alle Lichter aus und sie schoss wie ein Kugelblitz nach vorne, blind auf alles und jeden einschlagend. So kämpfte sie sich im wahrsten Sinne des Wortes den Weg nach draußen frei.

Ich musste tief atmen, als meine Partnerin diese Geschichte fertig erzählt hatte. Nicht auszudenken, was solche Erlebnisse mit einem Kind machen! Dass sie es überhaupt noch schaffte, ein halbwegs normales Leben zu führen, grenzte schon an ein Wunder, meiner Meinung nach. Meine Partnerin lächelte schief, man merkte ihr an, dass diese Erinnerungen ihr noch immer nahegingen. Aber sie erklärte mir, dass ihr vor der Arbeit mit dem inneren Kind diese Dinge gar nicht bewusst gewesen wären. Sie hätte all das ganz tief in sich vergraben, sie verdrängt, um weitermachen zu können. Erst durch die Therapie habe sie endlich die Kindheitserlebnisse aufgearbeitet und – verstanden. Ihre toxischen Freundschaften, die schon in der 5. Klasse ihren Ausgangspunkt genommen hatten, hätten ihren Ursprung in ihrer Beziehung zu ihrer großen Schwester. Sie sei damals derart abhängig von ihr gewesen und habe stets versucht, die Schwester um jeden Preis bei Laune zu halten. Das Kind in dem Alter war einfach überzeugt davon, dass diese Bindung existenziell wichtig war für das eigenen „Überleben". Die Mobbing-Sache habe sie noch zusätzlich retraumatisiert, wie die Therapeutin angedeutet hatte. Später schwankte sie deshalb zwischen den Extremen. Einerseits versuchte sie stets, Zeit für sich zu haben und sich zurückzuziehen (nur so konnte sie ihre Akkus wieder aufladen), andererseits freundete sie sich instinktiv immer wieder mit dominanteren Frauen an, in deren Fahrwasser sie ihr Leben verbrachte. Der „Preis", den sie dafür zahlte, war ihr Gehorsam. Alles nur, um vielleicht am Ende doch irgendwann mal eine „ältere Schwester" zu finden, die sie liebt ...

Ich gestehe, ich hatte fast eine Gänsehaut, als meine jetzige Partnerin mir das alles ganz nüchtern erzählte und die ganzen Querverbindungen zwischen ihrem Erwachsenen-Selbst und dem Kind von früher analysierte. Glasklar lag plötzlich alles vor einem ausgebreitet, fast wie eine Landkarte ihres Lebens – und es gab keinen anderen Schluss: Die problematischen Verhaltensweisen wiesen ganz eindeutig zurück in die Kindheit. Wie sie es mir schilderte, drängte sich mir sogar der Gedanke auf, dass es fast eine Art Memory-Spiel war. Sie hatte die Karten mit ihren ungünstigen Verhaltensweisen aufgedeckt und hatte es zugleich geschafft, die Karte mit dem „doppelten" Bild in ihrer Kindheit zu identifizieren und zu entlarven. Und alles machte einen Sinn!

Die Erkenntnis faszinierte mich sofort. Das war mein persönlicher Startpunkt für die Auseinandersetzung mit meinem inneren Kind. Tatsächlich fielen nun ebenso bei mir die bislang so verwirrenden Puzzleteile wie von selbst an ihren richtigen Platz. Doch damit nicht genug, ich war regelrecht überwältigt von den neuen Erkenntnissen. Jetzt, wo ich mich und mein Leben begriff, war nur noch ein winziger Schritt erforderlich, um zu verändern, was mich störte. Jetzt wusste ich mit einem Mal, an welchen Schrauben ich drehen musste, um schwierige, nicht hilfreiche Verhaltensweisen aufzulösen! Ich konnte mir selbst helfen, wenn sich mein inneres „Schattenkind" mal wieder zu Wort meldete.

DIE QUELLE UNSERES SELBSTWERTGEFÜHLS

Wie du am Beispiel meiner Partnerin gut sehen konntest, meldet sich das innere Schattenkind, das verletzte Kind in uns, fortwährend zu Wort. Ob wir wollen oder nicht. Wir haben keine andere Wahl. Getrieben von seinen Erlebnissen und den dadurch angenommenen Verhaltensweisen wird es auch beim Erwachsenen gewissermaßen derjenige sein, der hinter allen Gedanken und Handlungen steckt. Etwa so, als hätten wir einen kleinen Piloten in unserem Verstand, der alles nach seinem ganz persönlichen Kenntnisstand steuert.

Wenn wir lernen, ganz genau hinzuschauen, dann sind wir dazu in der Lage, zu erkennen, wann ein solches Schattenkind die Steuerung übernimmt. Viele typische Rollen beruhen hierauf.

Dem englischen Dramatiker und Schauspieler William Shakespeare wird ein großartiges und sehr treffendes Zitat zugeschrieben:

„Die ganze Welt ist eine Bühne und alle Frauen und Männer bloße Spieler."

Es ist beinahe so, als hätte er genau diesen Grundgedanken bereits geahnt. Wir alle spielen letztlich eine Rolle in unserem Leben. Vorbereitet für diese Rolle haben uns hauptsächlich unsere frühkindlichen Erfahrungen – gute und schlechte. Natürlich weist jeder von uns auch genetisch eine gewisse Veranlagung auf und es gibt „Grundkonditionierungen", doch die Art und Weise, wie unsere Eltern uns spiegeln, ist der ausschlaggebende Faktor. Denn die Reaktion unserer Eltern auf uns und unsere Wünsche, Bedürfnisse und Gedanken prägt in der frühkindlichen Phase unseren Grund-Selbstwert. Und auf diesem baut alles auf. Denn aus ihren typischen Reaktionen entstehen unsere ersten Glaubenssätze und die sind die Matrix, durch die wir auf die Welt blicken.

Wusstest du beispielsweise, dass bei unserer Geburt gerade einmal 25 % des Gehirns vernetzt sind? Ein Säugling ist gewissermaßen ein unbeschriebenes Blatt, sein Gehirn muss überhaupt erst fertig formatiert werden. Das wiederum geschieht mithilfe der Glaubenssätze, die wir erst von unseren Eltern und später auch von unserer Umwelt übernehmen bzw. verinnerlichen. So lautet ein entscheidender Glaubenssatz von überangepassten Menschen häufig: Wenn mich jemand lieben soll, muss ich seine Erwartungen erfüllen. In Kombination mit viel Ablehnung und zahlreichen Kränkungen in der Kindheit wird so jemand zudem instinktiv stets vom Schlimmsten ausgehen, wenn er nicht immer und jederzeit so agiert, wie er denkt, dass die Bezugsperson es wünscht. Insofern wird schon die Furcht vor einer möglichen negativen Reaktion auf ein Nein verhindern, dass dieses überhaupt ausgesprochen wird. Dass ein Nein allerdings kein Weltuntergang ist und das Leben danach auf jeden Fall weitergeht, ist für einen Überangepassten gar keine Option. Diese Variante existiert schlicht und ergreifend nicht in seinem gedanklichen Repertoire.

Ob uns unsere Rolle gefällt und wir uns damit wohlfühlen, hängt insofern insbesondere von unserer persönlichen Vorbereitung (= Programmierung) ab. Nur da wir mangels gegenteiliger Erfahrungen gar keine alternativen Handlungsmöglichkeiten im Repertoire haben, wird uns der große Regisseur bis auf Weiteres lediglich diese eine Rolle spielen lassen. Und alles wiederholt sich bis in alle Ewigkeit, wenn wir nichts tun.

TYPISCHE ROLLEN

Einige der typischen Rollen, in die sich Personen begeben, die in sich ein verletztes inneres Kind haben, sind unter anderem:

- Das Opfer
- Der Perfektionist
- Der Ja-Sager

- Der Gefühlskalte
- Der Anführer

Ich weiß nicht, ob bei dir gerade beim Lesen schon die Alarm-glocken losgegangen sind. Findest du dich hier womöglich schon irgendwo wieder? Ich meine, erkennst du ganz spezielle Verhal-tensweisen wieder, die dich immer mal wieder in eine Sackgasse führen? Aber vielleicht sollte ich besser noch ein wenig einge-hender erklären, wie diese Rollen zu „spielen" sind. Ich gebe dir also jetzt mal ein paar Regieanweisungen und du hebst die Hand, wenn du denkst, dass du die entsprechende Rolle wirklich perfekt ausfüllen könntest.

- Opferrolle

Die Opferrolle ist eine der großen, ganz klassischen Rollen für Personen, die mit einem verletzten inneren Kind durchs Leben gehen. Sie haben in der Kindheit gelernt, dass Hilflosigkeit nicht immer schlecht ist. Ja, teilweise ist sie sogar ausgesprochen nütz-lich. Vielleicht haben dir deine Eltern immer Dinge abgenom-men, bei denen du dich eher ungeschickt angestellt hast. Vielleicht haben sie dir immer viel zu schnell geholfen, ehe du selbst eine Lösung für ein Problem oder eine Aufgabe gefunden hast. Das wird auch als „erlernte Hilflosigkeit" bezeichnet, denn deshalb hast du irgendwann verinnerlicht, dass du dazu einfach auch gar nicht in der Lage bist. Dabei hast du dich einfach nicht ausprobieren und andere Erfahrungen machen können. Man hat dir schlicht gar keine Chance gegeben, Selbstvertrauen zu entwi-ckeln. Du wirst immer passiver und traust dir am Ende rein gar nichts mehr zu – und wirst auch als Erwachsener diese Rolle bestmöglich ausfüllen.

● Perfektionist

Der Perfektionist (den es natürlich auch in der weiblichen Form gibt! Da das Gendern in einem solchen Text leider zu einem sehr negativen Leseerlebnis führt, verzichte ich darauf. Egal, ob Mann oder Frau: Fühlt euch bitte gleichermaßen angesprochen!) wird von den einen geliebt und von den anderen gehasst. Chefs lieben sie, weil sie ihnen Aufgaben übertragen können, bei denen es auf 100 % Genauigkeit ankommt. Bei den Mitarbeitern ist so jemand allerdings meist ziemlich unbeliebt – wer ist schon gern mit jemandem zusammen, der niemals fünfe gerade sein lassen kann? Die Rolle des Perfektionisten ist tatsächlich eine echte Last, wenn man sie gut ausfüllen will. Schließlich darf man sich nicht einmal einen klitzekleinen Fehler erlauben, das wäre der Untergang! Nur das Beste ist gerade gut genug. Teilweise verlagert sich dieser Perfektionismus auch und entwickelt sich zu dem berühmt-berüchtigten Schönheitswahn. Frauen und auch Männer unterwerfen sich inzwischen gleichermaßen seinem Diktat, halten ständig Diäten, treiben Sport bis zum Umfallen, gehen ins Solarium, machen Wellness und besuchen regelmäßig ein Kosmetikstudio. Irgendwann geht es dann aber meist recht schnell mit Botox-Spritzen und Co. los. Falten sind für solche Personen ein schwerer Makel. Angesichts dessen haben sie ebenfalls keine Hemmungen, sich unters Messer des Schönheitschirurgen zu legen, um Gesicht und Körper zu optimieren. In ihrer Kindheit haben Perfektionisten gelernt, dass sie nur dann Aufmerksamkeit und Zuneigung erhalten, wenn sie perfekt sind und optimale Leistungen abliefen. Alles, was keine Eins ist, genügt nicht. Dieser Wettlauf gegen sich selbst ist oft der Anfang vom Ende: Wer diese Rolle spielt, landet sehr häufig im Burn-out.

- Ja-Sager

Die Schar der Idealbesetzungen für den „Ja-Sager" ist ebenfalls riesengroß. Einfach mal Nein zu sagen, wenn man etwas nicht möchte, ist für überraschend viele Menschen ein riesiges Angehen. Sie sind nicht dazu in der Lage, ihre eigenen Bedürfnisse zu artikulieren und das „böse" N-Wort in den Mund zu nehmen. Entsprechend leben sie vielfach über ihren eigenen Kräfte-Verhältnissen. Grenzen zu setzen, fühlt sich für passionierte Ja-Sager gerne so an, als würde man dem anderen klarmachen, dass man ihn nicht mag. In der Regel haben sie als Kind die Erfahrung machen müssen, dass ihre Eltern extrem ungehalten oder enttäuscht reagiert haben, wenn sie nicht ständig lieb und brav waren. Erwartungen zu enttäuschen bedeutet deshalb stets, den anderen potenziell gegen sich aufzubringen und ihn im Endeffekt womöglich komplett zu verlieren. Deshalb ist sich der Ja-Sager instinktiv sicher, dass er auf jede nur erdenkliche Art und Weise verhindern muss. Insofern unterdrückt er seine eigenen Bedürfnisse und überschreitet seine Grenzen regelmäßig. Hier lauert ebenfalls ein Burn-out ständig um die Ecke.

- Gefühlskalte

Gefühle zeigen? Das ist was für Schwächlinge! Menschen, deren Devise das ist, gelten auch als gefühlskalt. Für sie ist es grundsätzlich brandgefährlich, andere zu nah an sich heranzulassen. Diese könnten ja schließlich die empfindlichen Stellen herausfinden und dieses Wissen womöglich gegen einen benutzen! Deshalb fährt der Gefühlskalte am liebsten zweigleisig: Einerseits wird er mit aller Kraft versuchen, seine Gefühle so gut wie möglich zu unterdrücken. Andererseits wird er beständig daran arbeiten, eine Art Schutzmauer um sich herum zu errichten, die niemand überwinden kann – es sei denn, er kennt das Passwort und die Zugbrücke ist gerade zufällig mal heruntergelassen. Was aber so gut wie nie vorkommt. Dass hier ein starkes Bedürfnis nach Kontrolle vorhanden ist, liegt auf der Hand. Es geht schließlich um den bestmöglichen Selbstschutz. Allerdings suchen diese Personen nicht selten eine gewisse Erleichterung und finden sie dann vielfach in der Sucht. Hier können sie endlich einmal all die Schranken herunterlassen und sich zumindest für einen kurzen Moment so zeigen, wie sie sind. Mit ihrer riesigen Welt an Gefühlen, die sie sonst krampfhaft verbergen.

Gefühlskalte mussten meist als Kind die schmerzhafte Erfahrung machen, dass sie entweder stark emotional verletzt oder gar verlassen worden sind. Daraus zogen sie den Schluss, dass andere Personen sie ablehnen. Deshalb setzen sie nun alles daran, solche Erfahrungen und erneute Ablehnungen zu vermeiden. Ihre logische Folgerung: nie wieder Menschen zu nah an sich heranlassen. Besser, ich lehne andere ab, als sie mich.

- Anführer

Wenige Menschen würden bei einem hoch erfolgreichen Firmenboss oder einem Top-Manager an ein verletztes inneres Kind denken – doch gerade hier ist es unglaublich häufig hochaktiv. Auch Anführer kompensieren vielfach Verletzungen aus ihrer Kindheit. Sie haben damals in ihrer Angst eine grundlegende Entscheidung getroffen: Nie wieder verletzt werden! Und wer wird offenkundig am wenigsten verletzt? Die Menschen, die etwas zu sagen und zu bestimmen haben. Die Personen am oberen Ende der Karriereleiter. Macht und Kontrolle sind die ultimativen Zaubermittel gegen die Angst dieser Personen.

Ich könnte dir noch eine ganze Menge weiterer klassischer Rollen auflisten, doch ich denke, wir haben hier bereits ein ziemlich breites Spektrum abgedeckt und du hast eine Idee davon, was mit problematischen Rollen gemeint ist. Doch müssen wir nun alle damit anfangen, mit unserem inneren Kind zu arbeiten?

Ich formuliere es einmal so: Schaden tut es natürlich niemals, doch es gibt durchaus typische Verhaltensweisen, bei denen du dich wirklich intensiver mit dir selbst auseinandersetzen solltest. Prädestiniert sind solche Personen, die unglücklich sind über die eine oder andere ihrer Eigenheiten. Leidensdruck ist stets ein wichtiges Kriterium, um ins Handeln zu kommen. Dabei weisen besonders die folgenden Kennzeichen darauf hin, dass hier ein Schattenkind ist, das verzweifelt um Hilfe ruft:

- Du bist ständig auf der Suche nach Anerkennung durch andere Menschen (gilt sowohl für Ja-Sager als auch für Perfektionisten aller Art).
- Du fühlst dich hilflos und unfähig, etwas zu verändern, obwohl du dies gerne willst.
- Du machst ständig die gleichen schlechten Erfahrungen (z. B. in der Partnerwahl, bei der Jobsuche, generell im Umgang mit anderen Menschen).
- Du kannst nicht alleine sein und brauchst immer andere Menschen um dich herum.
- Du findest keine Freunde und hast Angst vor anderen Menschen.
- Du tust alles für andere und vergisst dabei dich selbst.
- Du konsumierst wie entfesselt (Shoppen, Binge Eating, Alkohol, Drogen…), um die Leere tief in deinem Inneren zu füllen.
- Du brichst oft einen Streit vom Zaun und forderst deine Bedürfnisse exzessiv und unnachgiebig ein. So willst du sicherstellen, dass sie in jedem Fall erfüllt werden.
- Du bist betont „logisch" in allem, um dich nicht weiter mit deiner tief in dir vergrabenen Gefühlswelt auseinandersetzen zu müssen.
- Du vermeidest Konflikte um jeden Preis. Ohne Harmonie bist du unglücklich.
- Du neigst zum Klammern.

Welche Verhaltensweisen sind es bei dir? Unterdrückst du deine Gefühle oder suchst du vielleicht fortwährend nach Bindung und Anerkennung? Ein kleiner Test gibt dir vielleicht wertvolle Hinweise in Bezug auf deine Selbstanalyse.

Wenn du an deine Kindheit zurückdenkst:

- Kannst du dich an Gefühle erinnern, die bei dir zu Hause unerwünscht oder nicht erlaubt waren? (Zur Erklärung: Ein häufiger Grund, warum jemand sich als Erwachsener nicht so gut behaupten kann, ist z. B. die Unterdrückung von Wut oder Trotz des Kindes.)
- Gab es typische Sprüche oder Aussagen deiner Eltern, an die du sich noch immer erinnerst?
- In welchen Situationen und wofür bist du gelobt worden?
- Was magst du JETZT besonders gerne?
- Wie lebst du JETZT?

Ein eindeutiges Indiz für die Notwendigkeit einer Arbeit mit dem inneren Kind ist, wenn ein bestimmtes Verhalten bei dir selbst für dich ein Problem darstellt. Geht es dir momentan so? Stört dich etwas und willst du es endlich ändern? Falls ja, ist es höchste Zeit, mit deinem verletzten inneren Kind in Kontakt zu kommen und deine gewählte Rolle mal zu beleuchten. William Shakespeare hat nämlich den Nagel mit einem weiteren Zitat genau auf den Kopf getroffen: „Und wenn du den Eindruck hast, dass das Leben ein Theater ist, dann suche dir eine Rolle aus, die dir so richtig Spaß macht."

REFLEXIONEN

Schauen wir uns doch mal intensiver an, wie du als Erwachsene in deinem Alltag funktionierst – und wie sich dein inneres Kind zu Wort meldet. Nimm dir genügend Zeit, um die Fragen ganz in Ruhe durchzugehen:

---

1. Du hast nun verschiedene Rollen kennengelernt, in die wir in unserem Leben gerne mal „hineinrutschen". Gibt es Rollen, die dir sofort bekannt vorgekommen sind, weil du sie selbst gerne mal übernimmst?

2. Richte einmal einen objektiven Blick auf dein Leben. Gibt es Situationen oder Konstellationen, die sich gerne wiederholen (bewusst oder unbewusst)?

3. Verletzte innere Kinder melden sich meist auf typische Art und Weise „zu Wort". Überlege, welche ungünstigen Eigenschaften bei dir ihren Ursprung darin haben könnten. Nenne insgesamt drei Kennzeichen für ein verletztes inneres Kind in Bezug auf dein Denken und Handeln.

4

WIE LERNE ICH MEIN INNERES KIND KENNEN?

„Wir sind, was wir denken. Alles, was wir sind, entsteht aus unseren Gedanken. Mit unseren Gedanken formen wir die Welt."

— BUDDHA

---

*I*n der eigenen Kindheit herumwühlen, bringt das denn wirklich was? Genau so habe ich gedacht, ehe meine jetzige Lebenspartnerin mir von ihren Erfahrungen erzählt hat. Ich war unglaublich skeptisch in Bezug auf Therapien, schlicht und ergreifend, weil ich zu wenig darüber wusste. Da stocherte man irgendwie in Kindheitserinnerungen herum, wenn man mit dem Leben nicht so richtig zurande kam – so jedenfalls das Klischee, das ich mir zusammengebastelt hatte. Zum Glück weiß ich es nun deutlich besser! Ja, auch wenn wir jetzt als Erwachsene unsere Probleme in den Griff bekommen wollen, sollten wir zu den Anfängen zurückgehen. Nur so können wir die Wurzel des Problems finden und sie „ausreißen". Alles andere ist leider nur ein Herumdoktern an Symptomen. Liebst du Gartenarbeit? Falls du jemals mit Unkraut zu tun hattest, vielleicht einer Brennnessel, wirst du sicherlich direkt verstehen, wieso es nur so funktioniert und nicht anders. Denn wenn wir nur die Blätter der Brennnessel abschneiden, sind wir die fiesen Biester zwar für einige Zeit los, aber sie wird garantiert zurückkommen und uns erneut piesacken. Solange die Wurzel noch vorhanden ist und lebt, wird sich das lästige Unkraut immer wieder regenerieren. Die beste Variante ist es tatsächlich, die komplette Wurzel auszugraben und die Brennnessel mit Stumpf und Stiel aus dem Garten zu werfen. Bei Therapien und Co. ist es letztlich ähnlich.

Aber… lohnt sich der Aufwand? Diese Frage finde ich mehr als berechtigt, immerhin bin ich ein Mensch, der beruflich häufig damit konfrontiert war, Aufwand und Nutzen gegenzurechnen. Lieber reparieren oder gleich komplett neu kaufen oder bauen zum Beispiel. Insofern stellt sich natürlich die Frage, ob es überhaupt Sinn ergibt, in der eigenen Kindheit herumzustochern und womöglich schlimme Erinnerungen aufleben zu lassen. Ja, es kostet natürlich etwas Mut, sich damit zu konfrontieren. Wer weiß schon vorab, was da an verdrängten Emotionen und Gedanken zutage kommt. Da du allerdings der eigene Experte für deine Erfahrungen und Gefühle bist, kannst du natürlich im Zweifelsfall entscheiden, die Pause-Taste zu drücken. Bis hierher und nicht weiter. Merkst du, dass du an eine echte Grenze kommst und du vielleicht sowieso mit Problemen in deinem Leben kämpfst, macht es Sinn, sich Hilfe durch einen Experten zu holen. Dann kannst du dich mit seiner Unterstützung erneut an die Sachen heranwagen, die dich so belasten. Es auf Biegen und Brechen zu versuchen, wäre sicherlich in so einer Situation ein Fehler.

Hilfreich kann es aber ebenso sein, deinem inneren Kind einen sicheren Ort anzubieten. Vielleicht tief in deinem Herzen, in einem geheimen Raum, dessen Schlüssel nur dein inneres Kind hat. Dorthin kann es sich jederzeit zurückziehen, wenn es Angst bekommt. Dort ist es absolut sicher und niemand wird es finden und ihm etwas antun können. Male dir diesen Ort so genau wie möglich aus: Gibt es dort Möbel? Wie sehen sie aus? Welches Licht herrscht dort? Welche Geräusche sind zu hören? Gibt es vielleicht sogar einen ganz speziellen Geruch? Wenn du magst, kannst du deinem inneren Kind dort vielleicht sogar Gesellschaft leisten.

Im Regelfall sind der Kontakt mit dem inneren Kind und seine Heilung problemlos auch in Eigenregie zu bewältigen. Denn hierbei geht es eben genau nicht darum, alte Verletzungen wieder aufzureißen. Ziel ist es vielmehr, herauszufinden, was dein inneres Kind braucht, was ihm fehlt, um glücklich und zufrieden zu sein, um sich geliebt und geachtet zu fühlen. Aus deiner heutigen Erwachsenen-Perspektive heraus hast du es in der Hand, ihm genau das zu geben, was es so sehr vermisst.

Freue dich nicht nur auf eine hochinteressante Auseinandersetzung mit dir selbst und deiner Geschichte, sondern auch auf zahlreiche weitere positive Folgen. Öffnest du dich deinem inneren Kind gegenüber, so wirst du direkt einen Zuwachs an Selbstbestimmung erleben und feststellen, wie mächtig du eigentlich bist. Endlich deine Selbstwirksamkeit bei der Arbeit zu erleben, wird dir unglaubliche innere Kraft vermitteln und so zur Heilung von alten Verletzungen und Wunden beitragen.

JEDE MENGE PLUSPUNKTE: DIE ARBEIT MIT DEM INNEREN KIND

Die Liste der belegten positiven Effekte einer Arbeit mit dem inneren Kind sind enorm. Soll ich dir ein paar Beispiele nennen?

- Indem du dir die Situationen anschaust, die dein inneres Kind triggern, lernst du die Gefühle, die dich manchmal überrumpeln, besser zu verstehen. Dadurch wirst du liebevoller und positiver mit dir selbst umgehen.

- Dein inneres Kind mit all seinen Gefühlen und seiner spontanen Freude in dein Leben zu integrieren, ist ein Garant für mehr Freude, Spaß, Spontanität. Kreativität und Leichtigkeit. Lass es einfach frei!
- Du durchbrichst deine kindlichen Verhaltensmuster und gewinnst deshalb an Handlungsfreiheit. Denn nun bist du nicht mehr gezwungen, stets auf die gleiche Art und Weise zu reagieren und bist selbstständiger und aktiver im Alltag.
- Anstatt alten Gefühlen nachzuhängen, heilst du alte Verletzungen effektiv und wirst zu einer Person, die endlich im Hier und Jetzt lebt.
- Indem du negative, hinderliche Glaubenssätze entlarvst, wirst du endlich zum Regisseur deines eigenen Lebens.
- Du wirst ermächtigt, dein Leben so zu führen, wie du es willst.
- Du darfst dich auf ein belastbares inneres Gleichgewicht und Stabilität freuen.
- Du lernst, auf deine persönlichen Bedürfnisse zu achten und sie zu respektieren. Sowohl die momentanen Bedürfnisse als auch die langfristigen, sodass du endlich dich ganz persönliches Lebensziel entdeckst.
- Durch die enorme persönliche Weiterentwicklung werden sich auch deine Beziehungen deutlich verbessern. Dich erwarten innigere, intensivere und zugleich langfristigere Partnerschaften.

Um all diese großartigen Effekte zu erzielen, musst du dich nur mit deinem inneren Kind, diesen besonderen Teil deiner Psyche, anfreunden und es in dein jetziges Leben holen. Denn dieser Kind-Anteil in dir will eigentlich nur eins: Nicht mehr allein gelassen werden und endlich jemanden haben, der mit ihm fühlt.

Nicht die traumatische Erfahrung ist das Problem, sondern vielmehr das Bewusstsein des Kindes, damit alleingelassen zu werden. Freunde dich mit ihm an, indem du zu seinem Beschützer und Verbündetem wirst. Wenn du dies tust, wirst du Heilung anstoßen.

Was sagt dein Bauchgefühl nun? Willst du dein inneres Kind nun endlich kennenlernen und fragst dich bereits voller Spannung und Neugier, wie man das am besten bewerkstelligt? Wunderbar. In der Tat ist es eigentlich sogar ganz einfach – und je mehr Übung du darin hast, Kontakt mit deinem inneren Kind herzustellen, desto leichter und besser funktioniert es. Die gute Nachricht: Du kannst dir letztlich sogar einen Weg aussuchen, der dir besonders liegt. Wenn es dir besonders leicht fällt zu schreiben, wäre ein Brief an dein inneres Kind eine Möglichkeit. Oder erinnerst du dich noch an etwas, was dir als Kind besonders viel Spaß gemacht hat? Bist du gerne Rad gefahren oder geritten oder bist am liebsten in den Zoo gegangen oder hast anderswo gerne deine Zeit verbracht? Gibt es eine Musik, die du mit der Zeit damals verknüpfst? All dies sind gute Gelegenheiten, um deinem Kind zu begegnen. Du musst dabei nur eins tun: Genau in dich hineinhorchen und achtsam sein. Was für Gefühle kommen in dir hoch? Welche Gedanken dringen an die Oberfläche? Was ist gerade von besonderer Bedeutung für dich? Spürst du, dass dein Kind gerade etwas besonders nötig braucht? Wenn du möchtest, kannst du mit ihm reden oder ihm sogar etwas geben, was es sich gerade wünscht.

REFLEXIONEN

Nimm dir nun einmal Zeit, um dein persönliches inneres Kind in Ruhe kennenzulernen. Gehe entspannt vor und sei einfach offen für diese neue Erfahrung. Stelle sicher, dass du die nötige Ruhe hast und nicht gestört wirst. Sollten Emotionen in dir aufkommen, so brauchst du sie nicht unterdrücken.

---

1. Überlege, wie dein inneres Kind genau aussieht. Wie stellst du es dir vor? Hat es besondere Vorlieben oder Abneigungen? Was hat er vielleicht für Wünsche und Ziele? Lass deiner Fantasie freien Lauf.

2. Schaue jetzt genauer hin: Wie alt ist dein inneres Kind? Antworte ganz spontan, idealerweise nimmst du dir erste Zahl, die dir in den Sinn kommt – fünf, sechs, acht ... Falls du zwischen mehreren Zahlen schwankst, ist das auch ok. Manchmal hat das innere Kind sogar zwei Alter. Es gibt hier kein Falsch und kein Richtig.

3. Überlege nun, ob es in diesem Alter bei dir ein besonderes Ereignis gegeben hat. Ist damals etwas passiert, was für dich in irgendeiner Form einen Einschnitt markiert hat? Es geht hier rein um dich, insofern können auch vermeintliche Kleinigkeiten auf dich einen starken Eindruck hinterlassen und dich nachhaltig beeinflusst haben. Folge einfach deinem Bauchgefühl.

5

SONNENKIND UND SCHATTENKIND

„Die Arbeit läuft dir nicht davon, wenn du deinem Kind den Regenbogen zeigst. Aber der Regenbogen wartet nicht, bis du mit der Arbeit fertig bist."

— CHINESISCHE WEISHEIT

---

*I*ch muss gestehen, ich musste mich erst an den Gedanken gewöhnen. Ich meine, die Erkenntnis, dass ich als erwachsener, gestandener Familienvater mit zwei Kindern, als erfolgreicher Ingenieur und Führungskraft, letztlich von meinem inneren Kind bestimmt und angetrieben werde. Aber wenn man einen kritischen Blick auf die Fakten wirft, macht es tatsächlich Sinn.

Soll ich dir verraten, wie das innere Kind meiner Lebensgefährtin aussieht? Es ist ein kleines, pummeliges und sehr verängstigtes Mädchen – abwechselnd mal drei und mal zehn Jahre alt. Es fürchtet ständig, etwas falsch zu machen und hält sich lieber ein wenig abseits, weil es dann das Gefühl hat, nicht so im Zentrum der Aufmerksamkeit zu stehen. Es hat gelernt, dass man dann sicherer ist vor der schlechten Laune der anderen. Dennoch hat es instinktiv das dringende Bedürfnis, etwas Besonderes, Außergewöhnliches zu tun und zu erreichen. Immerhin hat der Papa immer wieder aus tiefster Überzeugung gesagt: Du bist die Beste! Du kannst alles schaffen. Und dann geht ein Leuchten über das Gesicht des kleinen Mädchens und plötzlich ist es voller Stärke und Glück.

Mein Kind sieht ein wenig anders aus. Wenn ich mich darauf konzentriere, taucht ein etwa fünf Jahre alter Junge vor meinem inneren Auge auf. Es ist ein trauriges Kind, das sich aus tiefster Überzeugung für schlechter als der große Bruder fühlt. Er kann alles besser und wird ständig gelobt. Permanent ist zu hören: „Johannes, nimm dir an deinem Bruder ein Beispiel! Du könntest auch mal so fleißig sein wie er! Sei nicht immer so unordentlich, dein Bruder räumt sein Zimmer nach dem Spielen selbst auf, ohne dass wir etwas sagen müssen. Dein Bruder hat schon wieder eine Eins in der Schule geschrieben! Schau dir das tolle Bild an, das er gemalt hat. Er kann wirklich großartig zeichnen, das geht dir ja eher ab…“, und so weiter und so weiter. Aber wie bei meiner Lebensgefährtin gibt es auch in mir Momente, wo mein inneres Kind voller Leben ist und vor lauter Glück und Stolz fast platzen könnte. Etwa der Augenblick, wo ich allein am Meer saß und eine besonders schöne Muschel betrachtete, die ich entdeckt hatte. Oder als ich mein erstes Schwimmabzeichen bestanden hatte und mein Vater mich voller Stolz an seine Brust drückte. Diese Augenblicke blitzen wie unglaublich wertvolle, kleine Sonnen durch die Emotionen von Niedergeschlagenheit und Zurückweisung hindurch.

Wie sieht es bei dir aus? Trägst du auch mehrere innere Kinder in dir?

Die Diplompsychologin Stefanie Stahl, die sich sehr intensiv mit dieser Thematik befasst hat, ist sich sicher: Es gibt in jedem von uns zwei innere Kinder. Sie nennt die beiden Anteile Schattenkind und Sonnenkind. In anderen psychologischen Richtungen gibt es sogar noch deutlich weitergehende Differenzierungen, etwa in der Schematherapie, doch das Konzept von Schattenkind und Sonnenkind hat sich als besonders praktikabel und einfach anwendbar erwiesen.

Während das Sonnenkind ein Sinnbild für all die positiven, guten Prägungen in unserer Kindheit ist sowie das, was wir als Erwachsene aktiv neu gestalten können, steht das Schattenkind für die negativen Prägungen als Kind und die Probleme, mit denen wir später als Erwachsene konfrontiert sind. Wie genau dies gemeint ist, möchte ich dir im Folgenden näher erläutern.

DAS SCHATTENKIND

Mit dem Schattenkind hast du ja bereits erste Bekanntschaft geschlossen, insofern ist dir dieser Ausdruck nicht ganz neu. Dennoch möchte ich den Begriff noch etwas eingehender erläutern, damit dir die Konsequenzen noch bewusster werden. Das Schattenkind ist unser verletztes Selbstwertgefühl, die Seite in uns, die etwas labil ist und die wir so gut wie möglich geheim halten und tief in uns vergraben. Sie auszuleben, wäre ein No-Go! Aus Furcht, dass man sich dann erneut verletzlich macht, und andere sofort die Gelegenheit nutzen, in diese Kerbe zu hauen. Wir haben gelernt, dass es für uns schmerzlich ist, wenn wir völlig authentisch sind. Um das zu kaschieren, spielen wir in unserem täglichen Leben eine Rolle – oder sogar mehrere. Haben wir die Erfahrung gesammelt, dass wir dann besonders gelobt und geliebt werden, wenn wir exzellente Leistungen erbringen oder sehr sorgsam vorgehen, entwickelt wir mit Sicherheit eine gewisse Form von Perfektionismus. Oder wir suchen uns eine andere Variante, um unser eigentliches Ich zu verstecken und vor weiteren Verletzungen zu schützen. Die Vielfalt dieser „Tarnungen" ist beeindruckend. Und warum betreiben wir diesen Aufwand – oder sollen wir es „verbiegen" nennen? Es geht letztlich nur darum, geliebt zu werden.

Je jünger ein Kind ist, desto mehr ist es auf Liebe und Zuwendung angewiesen. Schon aus purem Selbsterhaltungstrieb wird es deshalb so schnell wie möglich lernen, was es tun muss, damit die Eltern und insbesondere die Mutter sich ihm zuwenden und ihm Fürsorge schenken. Es käme schließlich beinahe einem Todesurteil gleich, wenn ein Kind diese Strategie nicht entwickeln würde. Durch diesen Input allerdings, den ein Kind während des Aufwachsens gewissermaßen wie ein Schwamm in sich aufsaugt, wird es sozusagen programmiert. Frei nach dem Motto: Wenn ich X tue, ergibt das Z. Oder anders ausgedrückt: Wenn ich meine Mutter anlächele und brav bin, freut sie sich und gibt mir ein Stück Schokolade. Wenn ich mit Türen knalle, bekomme ich Stubenarrest und werden vom Rest der Familie „geschnitten".

DAS ELEND MIT DEN GLAUBENSSÄTZEN

Hierdurch bilden sich allmählich die sogenannten Glaubenssätze eines Menschen heraus, die tief in unserem Verstand verankert sind. Wobei noch mehrere Formen von Glaubenssätzen unterschieden werden: Hier ein paar „Klassiker" aller Varianten, die sehr verbreitet sind:

Unmittelbar den eigenen Selbstwert betreffende Glaubenssätze:

- Ich bin nichts wert …
- Ich bin nicht wichtig …
- Ich tauge nichts …

- Ich bin hässlich …
- Ich genüge nicht …

Glaubenssätze, die etwas über die Beziehung zu anderen aussagen:

- Ich falle zur Last …
- Ich darf nicht vertrauen …
- Ich bin unterlegen …
- Meine Wünsche werden nicht beachtet …

Glaubenssätze, die eine Lösung für das Problem darstellen:

- Ich muss immer lieb und artig sein …
- Ich muss alles unter Kontrolle haben …
- Ich muss leisten, um geliebt zu werden …

Ganz allgemeine Glaubenssätze:

- Männer sind schlecht …
- Frauen sind schwach …
- Mädchen können kein Mathe …

Es handelt sich bei Glaubenssätzen um Verallgemeinerungen sämtlicher persönlicher Erfahrungen, die wir über uns selbst sowie unsere Umwelt gesammelt haben. Sie bestimmen unsere Welt. Daher fühlen wir uns oftmals gekränkt, wenn unsere persönlichen Glaubenssätze getriggert werden. Und darüber werden direkt Gefühle aktiviert wie Trauer, Scham, Angst, Wut und vieles mehr. Unglücklicherweise ist uns die eigentlich zugrundeliegende Kränkung überhaupt nicht bewusst. Unser Verstand begreift nur das mit einem Mal aufkommende Gefühl der Wut, das sich kaum regulieren lässt. Erst wenn wir begreifen, dass dahinter eigentlich eine Kränkung steht, die wir in der frühkindlichen Prägungsphase erleiden mussten, sind wir in der Lage, unsere Gefühle zu regulieren. Ansonsten erleben wir nur bodenlose Wut – oder eine andere überwältigende Emotion. Verstehe die Software deines „Computers", dann bekommst du Zugriff auf die Benutzeroberfläche.

Diese schmerzlichen Emotionen waren es nämlich, die uns zur Bildung bzw. zum Lernen unserer persönlichen Glaubenssätze geführt haben – und sie wollen wir möglichst nicht mehr spüren müssen. Perfektionismus, das Streben nach besonders guten Leistungen, ein ausgeprägtes Bedürfnis nach Harmonie, das Vermeiden von Konflikten um jeden Preis, der Wunsch nach Macht oder ein Helfersyndrom, Strategien des generellen Rückzugs oder eines beständigen Angriffs sind letztlich nichts anderes als Schutz- und Kompensationsstrategien, um die Kränkungen nicht mehr an uns heranlassen zu müssen.

Wobei man eins ganz klar festhalten sollte: Im Kern sind nämlich nicht unsere Glaubenssätze hierbei das Problem. Sie allein bewirken nichts. Unsere Selbstschutzstrategien sind es, die uns so zusetzen.

Allerdings haben auch die Glaubenssätze ihre Ecken und Kanten, mit denen wir fortwährend konfrontiert werden: Basierend auf diesen Verallgemeinerungen entscheiden wir, wie wir handeln und uns entscheiden. Insofern könnte man die Glaubenssätze auch gut mit einer Art ganz besonderer Brille vergleichen, durch die wir als Erwachsene die Welt um uns herum sowie die Menschen darin wahrnehmen. Allerdings ist es eine ganz spezielle Brille, sodass wir nicht in der Lage sind, die objektive Welt zu sehen. Wir sehen stets nur das, was unsere Brille durchlässt. Alle anderen Dinge und Informationen entgehen uns oder werden vielleicht sogar missdeutet. Wir haben als Erwachsene also fast eine vorinstallierte „Wahrnehmungsverzerrung". Anstatt die Welt so wahrzunehmen, wie sie wirklich ist, glauben wir stattdessen als das, was wir durch unsere unsichtbare „Brille" sehen. Oder eben fühlen.

Ein Beispiel, um diese Angelegenheit noch ein wenig besser zu erklären. Stell dir mal vor, dass du als Kind vielleicht richtig Pech hattest und vernachlässigt wurdest. Vielleicht war deine Mutter schwer krank und konnte sich deshalb einige Zeit nicht gut genug um dich kümmern. Sie hatte deshalb keine Möglichkeit, deine Grundbedürfnisse wie Essen, Trinken, Zuwendung und Zuneigung zu stillen. Dieses kleine Kind lernt etwa instinktiv, dass es ihm nichts nützt, wenn es weint. Niemand ist für es da. Möglicherweise wird so ein Kind als Erwachsener stets in sich das Gefühl haben, dass es allein und einsam ist, dass sich niemand für es interessiert. Vielleicht ist es deshalb auch davon überzeugt, dass die Welt ein gefährlicher Ort ist – und genau so wird es alles bewerten. Alles ist potenziell eine Gefahr, eine Bedrohung. Selbst eine Beförderung im Job wird für so eine Person erst einmal eine gefährliche Situation darstellen, in der ein Scheitern droht. Im Gegensatz wird ein Erwachsener, der als Kind behütet und geliebt aufgewachsen ist, sich vielleicht über diese tolle Gelegenheit freuen und sie begeistert annehmen. Er ist glücklich über diese Auszeichnung und das implizite Lob seiner Leistung.

Frage dich bitte auch mal, ob einer von beiden überhaupt eine Ahnung davon hat, dass er diese seltsame „Brille" trägt? Nein. Nur die allerwenigsten Menschen ahnen, dass die Welt, die wir jeweils sehen, höchst subjektiv ist. Denn schließlich haben wir unser Schattenkind immer und überall mit dabei. Natürlich gibt es eine objektive Welt da draußen, doch wir sehen sie aufgrund unserer Erziehung und Erfahrungen immer nur in einem besonderen Licht. Oder falls dir der Gedanken passender erscheint: Wir sehen immer nur einen gewissen Ausschnitt der Realität – und das ist genau unser Dilemma. Deshalb schleppen wir Probleme mit uns herum, leiden, sind unglücklich und begehen immer wieder aufs Neue die gleichen Fehler. Im Job und in der Partnerwahl. Unser Schattenkind steht zwischen uns und der Welt – egal ob es sich um unsere Beziehungen oder einfach um unsere persönliche Zufriedenheit oder unser Glück handelt. 24 Stunden lang, 7 Tage die Woche, 365 Tage im Jahr. Unsere Sicht auf die Welt hat nämlich auch direkte Auswirkungen auf die Menschen um uns und die Beziehungen, die wir zu ihnen aufbauen. Diese werden durch die negativen Prägungen ebenfalls belastet. So wird jemand, der gelernt hat, dass er sich in seinem Leben möglichst in sein Schneckenhaus zurückzieht, vielleicht seinem Partner insgeheim bittere Vorwürfe machen. Weil der diesen Rückzug irgendwann einfach als gegeben akzeptiert und nicht ständig versucht, den Betreffenden aus seinem Schneckenhaus hervorzulocken. Dabei hatte der „Schneckenhäuser" nur den Glaubenssatz verinnerlicht: Ich bin nicht wichtig. Ein anderer, der aus Furcht vor Verachtung und Kritik besonders genau und perfektionistisch an seine Aufgaben herangeht, wird im Job dagegen von seinen Kollegen gemieden. Ihnen gilt er als pingelig und ein leidiger „Korinthenkacker". Schnell wird er ausgegrenzt und bekommt die kalte Schulter gezeigt – weil er überzeugt war: Ich darf keine Fehler machen, um geliebt zu werden.

Übrigens habe ich auch selbst unter den nachhaltigen Auswirkungen eines Glaubenssatzes gelitten. Die extremen Vorwürfe, die ich mir wieder und wieder nach dem Autounfall gemacht habe und die mich in eine tiefe Depression geführt haben, haben ihren Ursprung hierin. Wieder und wieder habe ich damals gegrübelt, was ich hätte anders – besser! – machen müssen, um den Unfall zu verhindern. Wo war mir der entscheidende Fehler unterlaufen? Hätte ich mich vor der Fahrt nicht mit meiner Frau streiten sollen? Hatte ich die falschen Reifen aufgezogen? Hätte ich eine andere Strecke nehmen sollen? War ich zu schnell unterwegs? Hätte ich den anderen Fahrer früher sehen müssen? Habe ich falsch oder zu spät reagiert? Und vieles in der Art mehr. Zu akzeptieren, dass es an dem Tag nicht in meiner Macht gelegen hat, den Unfall und seine schrecklichen Folgen zu verhindern, war mir nicht möglich. Dabei war meine eigene schwere Verletzung, durch die ich ja eine Zeit lang im Rollstuhl saß, gar nicht das eigentliche Problem. Mein Kontrollverlust über das Fahrzeug und die Situation an sich war es, durch den ich letztlich meine geliebte Frau verloren hatte – und das kollidierte zutiefst mit meinem ganz persönlichen Glaubenssatz, der lautete: Du musst alles unter Kontrolle haben! Da ich dies im entscheidenden Moment nicht vermochte, brach für mich meine komplette Welt zusammen. So sehr, dass ich sogar Augenblicke erlebte, wo mir ein Selbstmord als Ausweg und Erlösung erschien ...

Auflösen lässt sich das Dilemma mit unseren Glaubenssätzen erst dann, wenn wir all dies erkennen und im nächsten Schritt aktiv daran gehen, die „Brille" abzusetzen. Erst dann erkennen wir die fundamentale Wahrheit:

All unsere Glaubenssätze sind komplett BELIEBIG!

Bitte lies diesen Satz noch einmal, ganz langsam. Und dann lass ihn sacken. Ja, es ist richtig. Es gibt kein Gesetz, das vorschreibt, dass Mädchen kein Mathe können. Es ist ebenfalls keine unverrückbare Grundregel, dass man nur geliebt wird, wenn man lieb und brav ist und all das macht, was einem die Eltern sagen. All dies ist letztlich völlig willkürlich – und wenn du möchtest, kannst du dich jederzeit dafür entscheiden, dir ANDERE Glaubenssätze zu wählen, die besser für dich sind.

Anstatt zu sagen, dass wir die „Brille" unserer Glaubenssätze abnehmen müssen, könnten wir natürlich ebenfalls sagen, dass es entscheidend ist, das Schattenkind in uns anzunehmen. Es ist da und es ist ein wichtiger Teil unserer Person. Kämpfe nicht gegen es an, sondern akzeptiere es und nimm ihm langsam, aber bestimmt das Zepter aus der Hand. Übernimm ab sofort DU die Entscheidungen. Vielleicht könnte man sich das eigene Schattenkind auch als eine Art Koffer vorstellen, den wir unablässig mit uns herumtragen. So wie ein Rucksack, der uns im Nacken sitzt, oder so wie einer dieser großen, schwarzen Pilotenkoffer, in denen sich brisante Geheimnisse befinden und die deshalb mit einer Handschelle an das Handgelenk des Trägers untrennbar befestigt sind. Wenn du deinem Schattenkind endlich seine Macht über deine Gedanken und Handlungen nehmen willst, musst du diesen Koffer öffnen, ihn nach und nach auspacken und einmal alles gründlich aufräumen. So wirst du letztlich nicht nur persönlich ein zufriedenerer Mensch, sondern vor allem auch – in moralischer Hinsicht – ein besserer und würdest die Welt damit zugleich ein Stück besser machen. Schauen wir nämlich ganz genau hin, so lässt sich eins festhalten: All die Konflikte, mit denen wir es tagtäglich im Privaten und auch sonst in der Welt zu tun haben, drehen sich um unser jeweiliges Schattenkind. Wir alle kämpfen tagtäglich Schattenkindkonflikte aus, vom Taxifahrer bis hin zu den einflussreichsten Politikern. Würde es uns gelingen, dies zu überwinden, würden wir in einer besseren Welt leben. Somit ist die Arbeit mit unserem inneren Kind in letzter Konsequenz eigentlich kein „Privatvergnügen", es ist vielmehr eine politische Notwendigkeit. Fast so wie beim Wählen. Dass wir bestimmen können, wer in unserem Land die Regierungsmacht innehat, ist ein wichtiges Grundrecht. Doch unglücklicherweise sehen unzählige Menschen dies zusehends als lästige Pflicht an. Während der eine sich einfach nicht für Politik interessiert, macht der Nächste am Wahltag lieber einen entspannten Ausflug mit der Familie. Vielleicht regnet es auch und man hat keine Lust, vor die Tür zu gehen und auf dem Weg ins Wahllokal nass zu werden. Andere ärgern sich vielleicht über „die da oben" und haben den Eindruck, dass ihre einzelne

Stimme sowieso nichts bewirkt oder gar ändert. Doch dieses Verhalten hat Konsequenzen: Raffen wir uns nicht auf, sondern nur die Anhänger einer womöglich demokratiefeindlichen Partei, so wird diese unter dem Strich besonders gut abschneiden und einen größeren Einfluss verbuchen, als gut ist. Dies gilt ebenfalls, wenn Menschen aus lauter Politikverdrossenheit zu „Protestwählern" werden. Die Demokratie gerät ins Wanken, nur weil wir das politisch Notwendige aus Bequemlichkeit oder Frust nicht getan haben.

Der Weg zu einer besseren Gesellschaft und einer besseren Welt: Sich selbst besser kennenlernen, die eigenen Motive begreifen und einschätzen und dann daraus die richtigen Konsequenzen ziehen und – umdenken. Oder um es mal andersherum zu formulieren: Konfrontierst du dich mit deinem eigenen Schattenkind, hilfst du nicht nur dir selbst, sondern machst auch die Welt zu einem besseren Ort. Es lohnt sich also in jedem Fall!

DAS SONNENKIND

Nachdem wir uns jetzt so eingehend die weniger angenehmen Seiten der Kindheit angesehen haben, sollten wir jetzt erst mal tief durchatmen. Konzentriere dich nun mit mir auf die andere Seite – die Sonnenseite deiner Kindheit. Denn natürlich gibt es auch in Bezug auf dein Aufwachsen nicht nur frustrierende Augenblicke und Erlebnisse. Bestimmt hast du ebenso Momente erlebt, in denen du dich von Glück, Zufriedenheit und Wärme erfüllt gefühlt hast. Gab es Momente der Nähe? Der Zuneigung? Tolle Erlebnisse mit Freunden? Vielleicht hast du es genossen, Steine über das Wasser flitschen zu lassen oder das weiche, warme Fell eines Tieres unter deinen Fingern zu spüren. Vielleicht hast du etwas geschafft, wo du zunächst dachtest, das würdest du niemals hinkriegen. All dies sind Sonnenkind-Momente.

Während das Schattenkind für unsere negativen Erlebnisse steht, repräsentiert das innere Sonnenkind die positiven Prägungen während unseres Aufwachsens. All die kostbaren Momente, wo es dir besonders gut ging und du rundum zufrieden warst. Eben das Schöne deiner Kindheit. Und damit steht es für all das in deiner Persönlichkeit, was stark, fröhlich und gesund ist. Es ist ein Sinnbild all unserer Ressourcen, die uns Kraft geben und uns aufrichten, unserer persönlichen Stärken und positiven Werte sowie von Glaubenssätzen, die uns unterstützen und uns Mut machen, Neues auszuprobieren. Dabei verkörpert das Sonnenkind mit all seiner Neugier, Spontanität und Offenheit jedoch nicht nur die guten Prägungen der Kindheit, sondern ebenso all das, was du HEUTE Positives bewirken kannst. Es hat gewissermaßen eine ureigene schöpferische Macht, die dir dabei hilft, deine negativen Glaubenssätze umzukehren, wenn du dies möchtest.

Auch wenn ich bislang meist von meinem kleinen persönlichen Wettkampf mit meinem älteren Bruder berichtet habe, wenn die Rede auf meine Kindheit kam, bin ich dennoch sehr glücklich aufgewachsen. Besonders wenn ich an meine Mutter denke, steigt mir sofort ein Lächeln ins Gesicht. Sie war es, die mir auf die Füße geholfen hat, wenn ich hinfiel oder irgendwie scheiterte. Den sanften Kuss auf die Wange zum Trost werde ich nie vergessen. Er hatte immer etwas von einem tröstenden Streicheln und danach waren Schmerzen wegen kleiner Schrammen garantiert verflogen. Aber auch der wunderschöne, strahlend blaue Himmel und das warme Sonnenlicht morgens in unserem allerersten Urlaub in Italien, damals in den 70er-Jahren wird ewig in meinem Schatzkästchen der schönen Gedanken sein. Genauso wie wunderbare Erlebnisse mit meinen Freunden, der Geruch von frisch gebackenem Kuchen, wenn wir meine Großeltern besucht haben, oder das schwarze Kaninchen mit der weißen Stupsnase, das ich zufällig mit vier Jahren geschenkt bekam, weil meine Eltern jemandem ihr Auto geliehen hatten. Diese Gedanken sind fantastische kleine Kraftquellen für mich, die mich sofort entspannen und entschleunigen. Welche sind es bei dir?

Nimm diese Frage bitte ernst, denn dieses Wissen hilft dir, wenn dich die negativen Glaubenssätze mal wieder überrollen wollen. Frage dich deshalb mal in einer ruhigen Minute:

- Was habe ich gelernt?
- Welche positiven, schönen Erlebnisse hatte ich in meiner Kindheit?
- Was ist daran von Nutzen für meine Zukunft?

Besonders die letzte Frage solltest du dir genau und gründlich durch den Kopf gehen lassen. Die Antwort könnte zu einem echten Gewinn für dich werden – oder anders ausgedrückt zu einer sogenannten „Schatzstrategie". Welche guten Verhaltensweisen, die du bereits in dir hast, tragen dazu bei, die Dinge besser oder sogar noch besser werden zu lassen? Ich bin mir sicher, dass du bereits beim Lesen dieser Zeilen bemerkst, wie viel kraftvoller und zuversichtlicher du dich allein beim Gedanken daran fühlst. Während das Schattenkind nur Schutzstrategien kennt, sind die Schatzstrategien des Sonnenkindes eine echte Bereicherung in jeder Hinsicht.

DIE HEILUNG DES SCHATTENKINDES

Ich verrate dir etwas: Nachdem ich eben wieder so viel über das Sonnenkind in uns nachgedacht habe, hätte ich jetzt eigentlich viel mehr Lust, dir noch mehr darüber zu erzählen. Und möglicherweise geht es dir ganz genauso und du würdest dich jetzt auch deutlich lieber mit den angenehmen Seiten deiner Kindheit und deines weiteren Lebens befassen. Insofern wäre es absolut normal, wenn du erst einmal tief durchgeatmet hast bei der Überschrift dieses Kapitels. Wenn man keine besonders positive oder ermutigende Kindheit hatte, ist das umso verständlicher. Wer reißt schon gerne alte Wunden auf und streut erneut Salz hinein – und noch ein wenig Zitronensaft obendrauf. Es soll sich ja schließlich lohnen. Nein! Ich will natürlich nicht, dass du dich womöglich quälst (In diesem Fall möchte ich vielmehr dringend meinen Hinweis wiederholen, dass du dir fachliche Unterstützung holen solltest, wenn du bereits weißt, dass du eine problembehaftete Kindheit durchlebt hast!)

Natürlich macht es mehr Spaß, sich an angenehme Sachen zu erinnern. Das geht uns allen so. Nicht umsonst haben wir von der Natur den Mechanismus mitbekommen, dass wir unangenehme oder schmerzliche Erfahrungen effektiv verdrängen können. Eine Bekannte meinte mal im Scherz zu mir, nur deshalb würde unsere Art überhaupt noch bestehen. Könnte sich jede Frau an die Schmerzen erinnern, die sie hat, wenn sie ein Kind zur Welt bringt, dann hätten wir ein ernstes Problem… Ich gestehe, bei der Aussage wusste ich erst nicht, wie ich reagieren soll. Lachen oder Entsetzen? Ich habe mich dann erst mal für ein vorsichtiges Schmunzeln entschieden. Allerdings lässt sich die Grundidee dahinter nicht von der Hand weisen. Fakt ist: Nur durch Verdrängung sind etwa schwer traumatisierte Menschen dazu in der Lage, ihr Leben weiterzuführen. Das geht zwar nicht unendlich lange gut, aber man funktioniert so etwas effektiv weiter. Nur haben verdrängte Erinnerungen die ungünstige Eigenschaft, dass sie unterschwellig weiter gären und sich irgendwann umso heftiger zu Wort melden. Genau aus diesem Grund sollte man sich möglichst frühzeitig mit ihnen auseinandersetzen und die Konfrontation suchen. Im Zweifelsfall begleitet.

Insofern muss die Reise zu deinen Erinnerungen und zu deiner Heilung auch mit deinem Schattenkind beginnen, wie dir inzwischen sicherlich klar ist. Die Dinge, die in deinem Leben nicht so laufen, wie du es dir wünschst, oder auch Verhaltensweisen, mit denen du unglücklich bist, hängen mit deinem inneren Schattenkind zusammen. Falls du zu den eher ungeduldigen Menschen gehörst, scharrst du vielleicht spätestens jetzt innerlich mit den Hufen und denkst dir: Aber dann kommt doch bestimmt die Arbeit mit dem inneren Schattenkind, oder? Tut mir schrecklich leid, aber ehe wir zu diesem Anteil deiner Persönlichkeit übergehen und ihn ausbauen können, ist dein reflektiertes Erwachsenen-Ich wichtig. Schließlich willst du ja die Eigenschaften, die deinem zufriedenen Leben im Wege stehen, höchstwahrscheinlich verändern. Und dazu müssen wir unseren bewussten Verstand aktivieren. Er ist nämlich die Instanz, die eingreift, wenn dein Schattenkind aus lieber alter Gewohnheit mal wieder alles übertönen will. Genau dann ist dein Erwachsenen-Ich gefragt, das analysiert, warum du gerade drohst, erneut in alte, ungünstige Denk- oder Verhaltensmuster zurückzufallen. Zumal das Erwachsenen-Ich dann ebenfalls die neue Marschrichtung, die neue Strategie vorgeben sollte. Dann wiederum kommt endlich dein Sonnenkind ins Spiel.

Um dein inneres Kind zu heilen, ist der allererste Schritt, dein ganz persönliches Schattenkind kennenzulernen. Wie „tickt" es? Wie denkt und empfindet das verletzte, traurige Kind in dir? Und natürlich besonders wichtig: In welchen Situationen übernimmt es die Kontrolle deines Ichs?

Lass diesen Gedanken ruhig mal auf der Zunge zergehen. Die Frage, wann dein inneres Schattenkind die Kontrolle übernimmt in Bezug auf dein Denken und Handeln ist ein ganz entscheidender Punkt. Ich habe selbst lange Jahre nicht wirklich begriffen, wieso mich manche Sätze oder Situation schier rasend gemacht haben. Meist ging es etwa darum, dass ich den Eindruck hatte, nicht gut genug zu sein und mehr machen und schaffen zu müssen. Deshalb habe ich etwa während der Schule und auch während der Uni-Zeit teilweise gebüffelt bis zum Umfallen. Bis knapp vor den Prüfungen. Ich habe alles an Informationen verschlungen, was ich bekommen konnte. Meine Leistungen waren gut – zum Glück. Das war es nicht. Trotzdem war ich nach keiner Prüfung wirklich zufrieden. Immer nagte an mir das Gefühl, ich hätte noch besser sein müssen. Ich hätte noch mehr lernen müssen. Dieser unbarmherzige innere Antreiber meldete sich auch während meiner Berufsjahre zurück und wurde stellenweise zu einer echten Qual. Anfangs redete ich mir selber ein, dass ich mir hätte einen besseren Job suchen müssen, bei einem größeren, renommierteren Arbeitgeber. Dann kämpfte ich um jedes Prozentpünktchen mehr in meiner Bilanz, zutiefst davon überzeugt, dass ich das steigern muss. Ansonsten wäre ich ein Versager. Eines Abends im Oktober, es war ein Freitag, saß ich mal wieder an meinem Schreibtisch und ackerte mich durch Planzeichnungen, Gutachten und weitere Unterlagen. Es war bereits lange dunkel, im Firmengebäude war es schon komplett still. Mit einem Mal schreckte ich hoch, als eine irritierte Stimme in meinem Rücken fragte: „Was machst du denn noch hier?!" Mein Chef stand in der Tür zu meinem Büro und starrte mich komplett entgeistert an. Bereits in legerer Freizeitkleidung mit dickem Pullover, Jeans und braunen Bootsschuhen mit dicker Sohle. „Es ist halb zehn durch! Jeder, der halbwegs bei Verstand ist, ist jetzt zu Hause und freut sich auf das Wochenende. Was tust du hier?" Auf meine Erklärungen reagierte mein Chef, mit dem ich immer ein wirklich gutes, partnerschaftliches Verhältnis hatte, mit einem fröhlich-energischen Kopfschütteln. „So ein Unfug. Du solltest jetzt wirklich bei deiner Familie sein, die warten zu Hause auf dich." Und mit einem leichten Augenzwinkern setzte er hinzu: „Dein Vater wäre sicherlich stolz, so einen Sohn zu haben, der immer und überall der Beste ist. Aber manchmal ist es das Beste, für seine eigene Familie da zu sein."

Damals bekam ich schlagartig einen knallroten Kopf, murmelte etwas von „Ich wollte doch nur ..." und bin dann im Laufschritt wie ein getretener Hund zu meinem Auto gegangen. Gegangen? Nein, ehrlich gesagt bin ich regelrecht geflohen – und fühlte mich beim Wegfahren wie ein getadelter kleiner Junge. Mit trotzig vorgeschobener Unterlippe und Zornesfalten auf der Stirn saß ich hinter dem Steuer meines Autos und raste durch die Nacht zu meiner Familie. Als ich das Auto vor meinem Haus abstellte und die Scheinwerfer abschaltete, hatte ich plötzlich eine Eingebung – und musste schallend lachen: „Wie ein trotziger kleiner Bengel benimmst du dich gerade!" Heute weiß ich sogar noch mehr: Dank der Arbeit an meinem inneren Schattenkind weiß ich nun, dass mein beinahe schon krankhafter Ehrgeiz und Arbeitseifer seinen Ursprung in meiner Kindheit hatte. Weil mir mein erfolgreicher großer Bruder immer als das leuchtende Vorbild erschien, denn er bekam so viel Aufmerksamkeit und Lob von unseren Eltern, ganz besonders aber von meinem Vater. Und genau diese Anerkennung wollte ich mir all die Jahre instinktiv erarbeiten. Mit seinem scherzhaften Hinweis auf den stolzen Vater hatte mein Chef also, ohne es auch nur zu ahnen, mitten ins Schwarze getroffen. Mit Anlauf. Da war das Schattenkind erst mal sprachlos.

Willst du dein Denken und Handeln also nicht mehr von deinem Schattenkind bestimmen lassen, solltest du im nächsten Schritt unbedingt daran gehen, deine typischen Trigger zu erkennen. Welche Sätze führen dazu, dass dein Schattenkind die Kontrolle über dich übernimmt? Meist sind dies Momente, wo wir komplett überreagieren, überempfindlich sind oder generell nicht angemessen reagieren. Trifft es dich übermäßig, wenn eine gute Freundin plötzlich keine Zeit für dich hat? Nimmst du es sportlich oder reagierst du verletzt? Gibt es Orte oder Situationen, in denen du vermeintlich nicht angemessen reagierst? Häufig haben wir selbst im Nachhinein, wenn wir uns das Ganze noch einmal durch den Kopf gehen lassen, selbst den Eindruck, dass wir über das Ziel hinausgeschossen sind, und können uns dies beim besten Willen nicht erklären. Vorwiegend liegt es daran, dass unser Schattenkind auf irgendeine Art und Weise getriggert wurde. Versuche daher, die Trigger bzw. Auslöser deiner Überempfindlichkeit zu identifizieren. Das ist der erste Schritt.

Im nächsten Schritt lohnt es sich, einmal in einer ruhigen Minute zu überlegen, was du in dem Moment tatsächlich fühlst. Ist da Wut in dir? Trauer? Verzweiflung? Das Gefühl, unverdient zurückgesetzt oder benachteiligt zu werden? Hast du womöglich vor deinem inneren Auge das Bild einer Situation, wo es dir in deiner Kindheit ganz genauso ging? Was ist damals geschehen?

Viele Menschen gehen davon aus, man müsse sich bei der Inneren-Kind-Arbeit möglichst an die allererste Situation erinnern, in der es einem so ging. Setz dich nicht künstlich unter Stress! Das ist gar nicht so entscheidend. Der Moment, der dir spontan einfällt, ist der richtige. Ich hatte ja bereits erwähnt, dass wir aufgrund der Entwicklung unseres Gehirns auch gar nicht dazu in der Lage sind, uns an Begebenheiten aus der Zeit bis zu unserem dritten Lebensjahr zu erinnern. Außerdem kommt hinzu, dass manche Menschen kaum noch Erinnerungen an ihre frühe Kindheit haben. Vielleicht sind da einige Schlaglichter, doch das Große und Ganze liegt im Dunkeln. Hier ist es vollkommen in Ordnung, mit den Erinnerungen zu arbeiten, die dir präsent sind. Dies gilt ebenfalls für Erinnerungen, die aus Erzählungen von Bekannten und Verwandten stammen. Es kommt letztlich mehr auf das Gefühl an als auf eine konkrete Traumatisierung, um es mal herunterzubrechen. Entscheidend ist vielmehr, dass du ein Gespür dafür bekommst, wann dein emotionales Schattenkind aktiviert wird.

Nun folgt ein weiterer, sehr entscheidender Schritt: Wenn du es nicht bereits getan hast, solltest du allerspätestens jetzt daran gehen und dir einmal deine persönlichen Glaubenssätze intensiv anschauen. Welche Regeln hast du dir als Kind selbst auferlegt bzw. sie von anderen übernommen? Musst du, wie ich lange Zeit, mehr Leistung bringen als andere? Bist du zutiefst davon überzeugt, dass du eine glückliche Partnerschaft gar nicht verdienst? Wird nur der belohnt, der hart arbeitet? Muss man immer lieb, bescheiden und freundlich sein? Was ist es bei dir? Welche Überzeugungen hast du, die dich letztlich einengen?

Ich kann dir nur empfehlen, ruhig eine Liste anzulegen mit deinen ganz persönlichen Glaubenssätzen. Es ist wirklich hochinteressant und zugleich ausgesprochen entlarvend, wenn man diese Überzeugungen einmal schwarz auf weiß vor sich sieht. Denn mit einem Mal liegt da deine persönliche „Brille", deine Weltsicht, vor dir. Diese Glaubenssätze sind der Filter, durch den du die Realität wahrnimmst. Und das kann wirklich gravierende Konsequenzen haben. Ein Beispiel: Wenn wir hier bei uns im Winter Schnee sehen, sind wir als Kind meistens außer uns vor Freude. Für Erwachsene ist das ein zweischneidiges Schwert, denn die müssen dann ja trotzdem irgendwie zur Arbeit kommen und vielleicht die Kids zur Schule fahren. Tatsache ist aber, dass Schnee im Prinzip eine nette Wettereskapade ist, von der jedoch ganz klar unser Leben nicht abhängt. Im Gegensatz zu Wüstenbewohnern zum Beispiel, für die Schnee eher keine Relevanz hat, differenzieren wir das weiße, gefrorene Zeug durchaus genauer. Wir kennen Neuschnee, Schneegriesel, Schlappschnee, Pulverschnee, Firn. Wer in den Bergen wohnt, schaut interessanterweise noch etwas genauer hin. Dort unterscheidet man sogar zwischen 17 (!) verschiedenen Arten von Schnee – und wer einmal die Wucht einer Lawine gesehen hat, weiß auch direkt, wieso das hier so wichtig ist. Wer nicht beurteilen kann, wo er sicher durch den Schnee läuft, verursacht womöglich große Probleme. Noch deutlich differenzierter betrachten übrigens interessanterweise die Schotten die eleganten Kristallgebilde: Sie haben in ihrer Sprache sogar 400 bzw. 401 Wörter für Schnee in allen seinen Varianten. Wieso das so ist, ist bislang noch nicht geklärt. Möglicherweise hängt das damit zusammen, dass Schottland oft genug aufgrund der klimatischen Verhältnisse und der geografischen Lage als das Alaska Großbritanniens bezeichnet wird.

Was ich damit aber eigentlich sagen will: Man sieht nur das, was der jeweilige Filter durchlässt. Wir sehen eben nur Schnee – der Schotte erkennt offenbar filigrane Feinheiten und hat somit vermutlich noch einen viel spezifischeren Zugang zu Schnee.

Mach dir also unbedingt eins klar – unsere persönlichen Glaubenssätze und damit auch die gesamten Glaubenssysteme, die wir im Kopf haben, sind komplett BELIEBIG. Hättest du andere Eltern gehabt oder wärst vielleicht in einer anderen Stadt aufgewachsen oder nicht einfach im berühmt-berüchtigten falschen Moment am falschen Platz gewesen, hätte sich dein Glaubenssystem anders entwickelt. Und damit wäre aus dir eine vollkommen andere Persönlichkeit geworden. Ein Mensch mit anderen Baustellen, der daher auch gegen andere innere Widerstände ankämpfen würde.

Denken wir dies einmal konsequent zu Ende, ergibt sich daraus noch etwas richtig Spannendes. Wenn dein Glaubenssystem beliebig ist, dann kannst du es natürlich ebenfalls nach deinem Belieben ÄNDERN. Gefallen dir die Konsequenzen eines Glaubenssatzes nicht? Schmeiß ihn raus aus deinem Kopf und suche dir einfach einen besseren. So einfach soll das gehen, fragst du jetzt möglicherweise etwas irritiert. Ja, das ist der springende Punkt. Du hast es absolut in der Hand, dein Leben zum Positiven zu verändern, indem du deine Glaubenssätze checkst und sie bei Bedarf änderst. Oder um es in der Computersprache zu sagen: Einfach markieren – und dann auf Löschen klicken. Den freien Platz kannst du dann für Sätze nutzen, die richtiger und hilfreicher sind.

Aber bitte mach es nicht wie in dem alten Sekretärinnen-Witz! Früher hieß es bei Computer-unerfahrenen Vorzimmerdamen gerne, sie würden Schreibfehler mit dem flüssigen weißen Tipp-Ex korrigieren. Und zwar, indem sie die Fehler damit am Bildschirm überpinseln und dann den Bildschirm auf den Kopierer legen. Man muss beim Löschen von negativen Glaubenssätzen unbedingt darauf achten, sie möglichst gründlich auszumerzen. Nur was man vielleicht in seinem Leben schon 50.000 Mal gedacht hat, das muss man wenigstens 500.001 Mal durch einen förderlicheren Glaubenssatz ersetzen. Ansonsten drängelt sich der ungünstige Gedanke immer mal wieder nach vorne und beansprucht mehr Aufmerksamkeit, als er verdient. Hab also ein bisschen Geduld mit dir selbst und übe konsequent weiter, selbst wenn du die negativen Gedanken nicht sofort aus dem Kopf bekommst. Es dauert nun einmal eine gewisse Zeit, um sie zu überschreiben, wenn es um Probleme geht, die wir uns selbst bereiten.

Ein weiterer wichtiger Schritt bei der Umprogrammierung deines Denkens: Wenn du bemerkst, dass deine automatischen negativen Gedankenspiralen wieder losgegangen sind und die alten, kindlichen Gefühle erneut in dir toben, schalte so schnell wie möglich dein Erwachsenen-Ich an! Tritt innerlich einen Schritt zurück, hole tief Luft und bemühe dich um einen neutralen, unemotionalen Blick auf alles. Überlege, ob die heftigen Gefühle der Situation jetzt gerade wirklich angemessen sind ... Sei bitte ganz ehrlich! Das ist jetzt von großer Bedeutung. Reagierst du vielleicht ein wenig zu sehr? Falls ja, solltest du dich selbst daran erinnern, dass da gerade dein Schattenkind verzweifelt versucht, mit seinen alten Verletzungen klarzukommen. Denn wieder einmal wurde Salz in eine alte, nur oberflächlich verheilte Wunde gestreut. Und da das Schattenkind nicht weiß, dass Zeit vergangen ist seither und der „Familien-Krieg" von früher längst beendet ist, wird es unter dem Triggern der alten Verletzung leiden. Wie beim allerersten Mal. Deshalb sollte deine Strategie nun sein:

1. Geh ins Erwachsenen-Ich
2. Betrachte die Situation möglichst neutral. (Stell dir zum Beispiel vor, dass du auf einem Hügel stehst und von dort aus auf den Vorfall hinuntersiehst.)
3. Sage dir nun selbst so etwas wie: Ach, ich fühle jetzt deshalb so intensiv, weil es mich an eine Situation aus meiner Kindheit erinnert. Aber das hat hiermit rein gar nichts zu tun.
4. Glaube außerdem nicht grundsätzlich jeden deiner Gedanken und traue auch nicht allen Gefühlen! Höre besser noch einmal in dich hinein und frage dich ganz ehrlich, ob da nicht vielleicht doch ein Schattenkindgedanke hinter steckt. Dieser doppelte Check wird dir schlagartig unglaublich viel Leid sowie Aufregung ersparen. Besonders gilt dies, wenn du aufgrund deiner Gedanken körperliche Beschwerden entwickelst (z. B. Enge in der Brust, Herzrasen, Atemprobleme).

Dass es einige Zeit dauert, ehe deine Mechanismen bei „Schattenkindattacken" wirklich gut funktionieren, hatte ich bereits vorgewarnt. Wunder dauern nun einmal leider etwas länger – sonst bekommt man auch allerhöchstens zweitklassige Wunder. Die Art „Mensch" ist nun einmal schon uralt und viele Verhaltensweisen aus der Steinzeit schleppen wir noch immer mit uns herum. Weil sie damals ausgesprochen sinnvoll und oft genug sogar lebensrettend waren. Gewisse Teile unseres Gehirns haben nur bedauerlicherweise noch nicht mitbekommen, dass wir inzwischen nicht mehr auf Bäumen sitzen, sondern sogar schon zum Mond geflogen sind und Videotelefonie machen. Vor Tausenden von Jahren waren die Menschen sogar im Vorteil, wenn sie ständig über alles und jedes zuerst negativ dachten. Eine schöne Höhle, in der man toll den Winter überstehen kann – Ja, aber riecht das nicht ein wenig nach Säbelzahntiger? Oh, ein Mammut! Lass es uns jagen! – Na ja, so ganz ohne Waffen? Und nur zu zweit? Was ist, wenn es umdreht und auf uns zu rennt? Und dem vorsichtigen Zweifler fielen selbst damals bestimmt schon unzählige weitere potenzielle Gefahrensituationen ein. Die Kehrseite der Medaille war nämlich, dass er im Gegenzug eine große Menge an Fantasie hatte. Sei jetzt bitte stark, denn ich verrate dir etwas Wichtiges: Wir alle sind die Nachfahren dieser Zauderer, Mäkler und Zweifler. Denn diese Verhaltensweise hat unsere Steinzeit-Ahnen davor bewahrt, in Situationen zu geraten, bei denen sie die potenziellen Gefahren nicht beachtet haben. Mit entsprechenden ungünstigen Folgen. Unsere Vorfahren waren die, die gemütlich ums Feuer in der Höhle gesessen haben, während die Dauer-Optimisten gerade vom Säbelzahntiger gefressen wurden. Und auch heute noch neigen wir deshalb dazu, dass wir uns zuallererst auf die negativen Seiten fokussieren. Instinktiv.

Wie bekommen wir das in den Griff? Die Lösung habe ich dir eigentlich schon fast verraten. Du musst dein bewusstes Denken zu deinem Verbündeten machen, wenn du deine Schattenkind-Gedanken neutralisieren willst. Nutze es als eine Art innerer Türsteher, der sofort Alarm schlägt, wenn du dich wieder einmal in Gefühlen und Gedanken von damals überrennen lässt. Ertappe dein Schattenkind, wenn es die Macht übernehmen will, und sag gewissermaßen als Türsteher vor deiner „Schaltzentrale": Du kommst hier nicht rein! Ansonsten rutschst du munter wieder in dein altes Programm hinein, von dem du ja selbst bereits weißt, dass es dir nicht guttut. Also: Türsteher, sei wachsam!

Gelingt es dir, dein Schattenkind zu ertappen, ist es Zeit für Phase zwei deines Planes: Jetzt solltest du so schnell wie möglich umschalten. Wenn ich schreibe umschalten, dann ist damit gemeint, dass du beispielsweise in dein Erwachsenen-Ich wechselst und die Situation aus dieser Perspektive betrachtest. Alternativ kannst du ebenfalls in die Perspektive deines Sonnenkindes wechseln und von dieser Warte aus einen Blick auf den Trigger zu werfen. Garantiert wirst du dann feststellen, wie relativ deine Aufregung in Wahrheit ist – und nur in den allerwenigsten Fällen tatsächlich berechtigt. Aber das kannst du nur begreifen, wenn du einerseits lernst, dich bei Schattenkind-Gedanken zu ertappen, und dich dann andererseits bewusst umentscheidest. Stell es dir doch einfach so vor, wie beim Fernsehen oder dem Radio: Wenn dir das gerade laufende Programm nicht gefällt oder guttut, schaltest du einfach auf ein anderes um, das besser ist. Das ist absolut erlaubt! Selbst dann, wenn du einen Glaubenssatz im Hinterkopf haben solltest wie: Ich muss da durch oder ich darf nicht kneifen bei unangenehmen Sachen.

Gerade zu Anfang kann es dir natürlich auch mal passieren, dass du das Schattenkind nicht rechtzeitig dabei bemerkst, wie es auf die Bühne klettern will. Das ist völlig normal! Du solltest für so einen Fall am besten aber einen Notfallplan parat haben, damit du das Schattenkind schnell wieder zur Räson bringst. Ideal ist es, dich nach allen Regeln der Kunst abzulenken – das bringt dein Schattenkind mit seinen uralten und nicht mehr angemessenen Emotionen garantiert komplett aus dem Konzept und du bist wieder Herr (oder eben Frau) in deinem Haus. Wie du dich am besten ablenkst, ist deine Entscheidung. Schließlich kennst du dich selbst am besten. Reicht es dir, innerlich ein Stopp-Schild hochzuhalten oder energisch in Großbuchstaben „STOPP!" zu denken? Wie wäre es, dich im Kreis zu drehen und zu gackern wie ein Huhn? Alternativ kannst du ebenso einen Liter Wasser auf Ex trinken, rennen, bis dir die Puste ausgeht, auf einen Sandsack einboxen oder einfach ein Gummiband ums Handgelenk machen und es einmal ordentlich „zwiebeln" lassen auf deiner Haut. Hauptsache ist, du lenkst dich von deinen getriggerten Emotionen ab.

Sollte sich die Auseinandersetzung mit deinem Schattenkind übrigens sehr schlimm anfühlen, benötigst du diese Ertappen-und-Umentscheiden-Taktik ebenfalls dringend. In so einem Fall gehe behutsam an die Auseinandersetzung mit deinen alten Verletzungen heran. Hier macht die Dosis das Gift! Falls es für dich wirklich schmerzhaft ist, reichen bereits 30 Minuten Zeit pro Tag mit deinem Schattenkind aus. Versuche zugleich aber immer wieder bewusst, dein Schattenkind zu ertappen und aus diesem Modus aktiv herauszugehen. Stelle dein inneres Alarm-system scharf und lass die Sirene losgehen, wenn das Schatten-kind sich wieder in den Mittelpunkt spielen will bzw. gespielt hat. Ich garantiere dir, dass du nach und nach immer schneller und besser reagierst. Es ist wie ein Spiel, für das du deine Reak-tionsschnelligkeit erst noch etwas verbessern musst.

Kennst du Monopoly? Das legendäre Brettspiel mit Schlossallee, den Bahnhöfen und der Du-kommst-aus-dem-Gefängnis-frei-Karte. Als Kind fand ich es vollkommen faszinierend – verlor aber relativ schnell die Lust, denn Monopoly ist ein Spiel, das man Stunden um Stunden spielen kann. Inzwischen hat sich mein Verhältnis zu Monopoly umgekehrt, denn ich habe verstan-den: Der Weg ist das Spiel. Man kann Monopoly nicht durch Kamikaze-Attacken gewinnen, sondern muss schlicht und ergrei-fend dran bleiben und Zähigkeit beweisen. Für viele ist es eine sehr ernüchternde Erkenntnis, dass sich die eigenen frühkindli-chen Verletzungen nicht „Abrakadabra" einfach wegzaubern lassen. Selbst eine Woche ist da meist deutlich zu knapp. Beim Schattenkind-Sonnenkind-Spiel ist es ähnlich, wir brauchen Übung. Sonst werden wir ausgetrickst. Dann haben wir aller-dings wirklich gute Chancen, unser persönliches Schattenkind zu heilen. Vollständig. Und das lohnt sich natürlich.

Das Prinzip ist sogar relativ simpel:

1. Erkenne deine Glaubenssätze.
2. Begreife, dass es sich nicht um die objektive Wahrheit handelt! Es sind lediglich Projektionen.
3. Suche dir bessere Glaubenssätze.
4. Erlebe, wie sich deine Verhaltensweisen dadurch verändern.
5. Reguliere gleichzeitig deine Gefühle.

Wenn hier die Rede vom Begreifen bzw. Verstehen der Glaubenssätze ist, so handelt es sich letztlich um eine sehr tiefgehende Erfahrung. Denn wir müssen lernen, dass viele – wenn nicht sogar die allermeisten – unserer Glaubenssätze nichts mit uns als Person zu tun haben. Es sind Schlüsse, die wir aus Erfahrungen in unserer Kindheit gezogen haben. Reine kindliche Interpretationen. Sie sagen jedoch nichts über unsere Person und das Jetzt aus. Oder andersherum ausgedrückt: Wer zutiefst davon überzeugt ist, nichts wert zu sein, muss erkennen, dass das nur die kindliche Interpretation einer ganz anderen Tatsache ist. Vielleicht hat dieses Kind erleben müssen, dass seine Eltern immer so unglaublich wenig Zeit hatten, weil ihre Arbeit zu stressig war. Daraus schloss das Kind wiederum, dass es im Verhältnis z. B. zur Arbeit keine Relevanz besitzt. Schaffen wir es, solche Verknüpfungen zu entdecken und zu begreifen, dass sie rein gar nichts mit uns als Erwachsene zu tun haben, hilfst du deinem Schattenkind enorm. Es wird so nach und nach von seinen Verletzungen geheilt.

REFLEXIONEN

Nach diesen ganzen Informationen sollten wir uns nun ein konkreteres Bild vom Schattenkind und vom Sonnenkind machen. Diese Visualisierungsübung ist nicht nur gut, um dir selber insgesamt mehr Klarheit zu verschaffen, sondern du verstehst so am besten, was letztlich hinter deinen persönlichen Problemen steckt.

1. Im ersten Schritt malst du einfach nur zwei Kinder auf ein Blatt Papier. Nimm dafür ruhig einen DIN-A4-Zettel, damit du hinterher ausreichend Platz hast. Jetzt zeichnest du darauf großzügig den Umriss des Kindes – Kopf, Körper, Arme, Beine. Hab keine Angst, diese Skizzen sind ausschließlich für dich, du kannst also mutig drauflos zeichnen. Achte bitte nur darauf, dass das Schattenkind seine Arme hängen lässt, während das Sonnenkind seine in die Luft hebt oder zur Seite ausbreitet. Das ist ein entscheidendes Detail, das später noch an Bedeutung gewinnt.

2. Im nächsten Schritt geht es darum, diese beiden Bilder zu „beschriften". Wir starten mit deinem Schattenkind:

a.) Schreibe rechts und links vom Kopf (also über den Schultern) die wichtigsten Bezugspersonen hin. Bei den meisten Kindern sind die Mama und der Papa.

b.) Überlege jetzt bitte ganz genau, welche Eigenschaften dieser Bezugspersonen dir nicht gutgetan haben damals, was dich verletzt oder traurig gemacht hat. Gab es etwas, was schwierig für dich war oder was dich womöglich beschämt hat? Notiere die entscheidensten Eigenschaften jeweils unter den Bezugspersonen.

c.) Auch wenn Eltern dies nicht klar sagen, können Kinder den Eindruck gewinnen, sie hätten eine spezielle Aufgabe in der Familie. Vielleicht die Eltern stolz machen, ein braves Kind sein, nicht laut sein... Was war dein Auftrag bei euch? Oder gab es typische Sätze, die man zu dir gesagt hat, die du nicht gerne mochtest? Schreibe dies unter Mama oder Papa. Falls deine Bezugspersonen miteinander Probleme hatten (z. B. streiten), schreibst du dies über den Kopf des Kindes, zwischen die beiden Bezugspersonen.

d.) Durch die Art und Weise, wie sich deine Eltern dir gegenüber verhalten haben, hast du Überzeugungen über dich selbst entwickelt. Das sind deine Glaubenssätze. Notiere die wichtigsten im Bauchraum deiner Schattenkind-Zeichnung.

e.) Welcher dieser Glaubenssätze trifft dich am allermeisten? Er ist dein zentraler Gedanke, um den alles kreist. Markiere ihn, indem du ihn unterstreichst oder umrandest.

f.) Beschreibe die negativen Emotionen, die der zentrale Glaubenssatz in dir hochkommen lässt. Vielleicht sind es Wut, Trauer, Kränkung, Angst, Scham oder etwas anderes. Notiere diese Gefühle ebenfalls im Bauch des Schattenkindes, unterhalb deiner Glaubenssätze.

g.) Jetzt fehlen nur noch die Konsequenzen, die sich aus den unbewussten Gefühlen in deinem jetzigen Leben ergeben. Schreibe sie rechts und links neben den Füßen des Schattenkindes auf.

3. Jetzt ist es an der Zeit, dich mit den positiven Seiten deiner Kindheit zu befassen. Es geht mit dem Sonnenkind weiter. Der Ablauf ist ähnlich wie bei deinem Schatten-

kind, nur mit dem Fokus auf positiven, förderlichen Erfahrungen.

a.) Schreibe rechts und links vom Kopf wieder deine Bezugspersonen hin.

b.) Überlege jetzt bitte ganz genau, welche Eigenschaften dieser Bezugspersonen dir gutgetan haben, was dir wichtige Impulse gab und dich glücklich gemacht hat. Notiere die entscheidendsten Eigenschaften jeweils unter den Bezugspersonen.

c.) Wie war das Verhältnis der beiden zueinander, wenn es gut lief? Schreibe dies über den Kopf des Kindes, zwischen die beiden Bezugspersonen.

d.) Welche positiven Glaubenssätze hast du? Du kannst ebenfalls die Glaubenssätze des Schattenkindes nehmen und diese ins Positive „umschreiben". Notiere die wichtigsten im Bauchraum deiner Sonnenkind-Zeichnung.

e.) Welcher dieser Glaubenssätze hilft dir am allermeisten?

f.) Beschreibe die positiven Gefühle, die der zentrale Glaubenssatz in dir auslöst – vielleicht Glück, Zufriedenheit, Mut, Zuversicht oder Ähnliches. Notiere diese Gefühle unterhalb deiner Glaubenssätze.

g.) Jetzt fehlen nur noch die Konsequenzen, die sich aus den unbewussten positiven, stärkenden Gefühlen in deinem jetzigen Leben ergeben. Schreibe sie rechts und links unter den hochgehobenen Armen des Sonnenkindes hin. Auch Werte, die dir etwas bedeuten, kannst du hier ergänzen. Sie sind deine wichtigen Ressourcen und werden dich stets unterstützen.

4. Nachdem du nun sowohl dein Schattenkind als auch dein Sonnenkind mit allen Facetten vor dir liegen siehst, vergleiche die beiden miteinander. Welche Eigenschaften des einen können das andere stützen und ihm guttun? Wie können sich die beiden Kinder gegenseitig stärker machen?

6

DIE VERSÖHNUNG

„Ein vollständiger Erwachsener erwächst aus einem vollständigen Kind. Es ist nicht erforderlich, das Kind zu zerstören, damit der Erwachsene hervortreten kann. Wir alle müssen unser inneres Kind finden und heilen, damit wir vollständig werden."

— NAMUA RAHESHA

---

*D*er kleine Junge mit den kurzen dunklen Haaren balanciert am Ufer des Bachs. Er hat eine mit Erde verschmierte Jeans an und große gelbe Gummistiefel an den Füßen. Hoch konzentriert schichtet er die Zweige und die Grassoden auf im Wasser, um den perfekten Damm zu bauen. Insgeheim träumt er schon davon, wie das Wasser sich staut und mit Glück vielleicht sogar über die Ufer tritt. Dass die Mücken ihn stechen, merkt er vor lauter Begeisterung nicht. Als ich mich ihm langsam nähere, hebt das Kind den Kopf mit den zerzausten Haaren und winkt seinen Zwilling herbei, der ebenfalls mit an dem Damm baut. Ein Strahlen geht über die beiden Gesichter, als sie mich erkennen – und ich lächele zurück. Auch wenn es lange Zeit anders war, inzwischen sind wir drei gute Freunde: ich und meine beiden inneren Kinder.

Ich habe nach und nach gelernt, sowohl mein fröhliches als auch mein verletztes inneres Kind zu verstehen. Zu akzeptieren, wie meine Kindheit wirklich war, war anfangs nicht ganz einfach für mich. Schließlich hatte ich über die Jahre nicht umsonst vieles verdrängt oder mir eine „geschönte Version" davon zurechtgebastelt. Das ist nun alles nicht mehr nötig. Ich habe meine inneren Kinder nicht nur verstehen gelernt, sondern akzeptiere sie auch genau so, wie sie sind. Sie sind genau richtig mit ihrer positiven Sicht auf die Dinge und auch mit den Verletzungen und dem Zögern. Immerhin sind sie es, die mich zu dem Erwachsenen werden ließen, der ich bin. Einzigartig und wertvoll. Niemand sonst sieht die Welt und die Dinge und Menschen in ihr so wie ich. Und das ist ein absolut wundervoller Gedanke, wie ich finde. Er bewegt mich immer wieder, denn ich bin nicht austauschbar und auch kein Rädchen im Getriebe.

Damit ich der Mensch wurde, der ich inzwischen bin, war ein entscheidender Schritt erforderlich: Ich musste mein inneres Kind nicht nur entdecken und verstehen lernen, sondern auch sein Freund werden. Das ist der Weg zum Ausgleich und zur Versöhnung.

Ich weiß noch wie heute, nachdem ich mit meiner Kindheit, so wie sie war, Frieden geschlossen hatte, passierte etwas in meinem Leben. Erst nach und nach, als würde man ein Puzzle zusammensetzen. Doch als ich endlich das Bild erkennen konnte, ging es plötzlich immer schneller. Instinktiv begann ich, Dinge zu tun, die ich als Kind geliebt habe – ohne dass es mir bewusst war – und ich fing an, Dinge zu tun, die ich gerne getan hätte, aber nicht durfte oder mich nicht traute. Alles begann damit, dass ich eines Tags mit zwei Zebrafinken nach Hause kam. Die irritierten Blicke meiner Kinder sprachen Bände! Und sie wichen auch dann noch nicht, als ich verriet, dass ich schon als Kind ein Pärchen Zebrafinken hatte und es einfach wunderbar ist, beim Arbeiten die kleinen Frechdachse zwitschern zu hören. Ein Geräusch, das mich seither jeden Tag mit tiefster Zufriedenheit erfüllt, wenn ich schreibe. Auch wenn schnell aus zwei Vögeln sechs wurden. Doch das Schlüpfen und Aufwachsen der Küken beobachtete ich mit wahrhaft kindlicher Freude und Begeisterung. Als Nächstes probierte ich das Theaterspielen aus. Als Kind hatte mich der Gedanke immer fasziniert, auf der Bühne zu stehen, aber ich hatte mich nie getraut, das zuzugeben. Jetzt wusste ich, in meinem neuen Leben war es möglich, einfach mal auszuprobieren, ob mir das Theaterspielen wirklich Freude machen könnte. Zahlreiche weitere Dinge und Erlebnisse kamen noch hinzu im Laufe der Zeit – und jedes Mal wurde ich zufriedener und konnte spüren, wie ich allmählich immer „heiler" wurde und mit mir selbst ins Reine kam. Bis ich zuletzt der Mensch war, der ich nun bin. Wobei die Reise noch lange nicht am Ende ist, denn es gibt noch unzählige Wünsche, die ich dem kleinen Jungen von damals erfüllen möchte. Ein Impuls, der mein Leben seither unglaublich bereichert hat.

Für mich ist die Arbeit mit Sonnenkind und Schattenkind letztlich etwas, das mir einerseits geholfen hat, alte Verletzungen zu heilen und neue Kraftquellen zu entdecken. Andererseits bin ich seither endlich ein wirklich freier Mensch. Oder vielleicht sollte sich sagen: ein befreiter Mensch. Ich tue instinktiv und mit Begeisterung die Dinge, die mir guttun und aus denen ich mehr und mehr Kraft schöpfe. So fülle ich problemlos meine inneren Akkus auf und bin seither ein zufriedenerer, gradliniger Mensch, der seine Bedürfnisse artikulieren und auch umsetzen kann. Gedanken – oder vielmehr Glaubenssätze – wie „Du kannst nicht …", „Du darfst nicht …", „Das macht man nicht!", oder „Das schaffst du nie!" gibt es in meinem Repertoire seither nicht mehr. Alles ist möglich, wenn ich das möchte. Es gibt keine Restriktionen oder Schranken, die ich mir selbst auferlege. Tatsächlich haben sich auch meine inneren Selbstgespräche seither immens gewandelt. Bestimmt kennst du auch diese innere Stimme, die uns anfeuert oder kritisiert, je nachdem. Meine war vordergründig ein innerer Abtreiber und hat mich früher oftmals aufs Heftigste beschimpft – als Versager oder Schwächling. Gut war meinem inneren Antreiber nie gut genug. Inzwischen geht er deutlich milder und gelassener mit mir um. Er ermutigt mich stattdessen, macht freundliche Vorschläge und zeigt mögliche Alternativen auf. Er ist nun eher ein freundschaftlicher Berater, der sich außerdem nur dann zu Wort meldet, wenn ich bereit bin, ihm zuzuhören. Klingt wunderbar, oder? Herrlich, diese Ruhe und Klarheit im eigenen Kopf!

DEIN „DATE" MIT DEM INNEREN KIND

Ich persönlich würde tatsächlich jedem Menschen wünschen, diese innere Freiheit zu erreichen. Sie macht das Leben so unendlich viel schöner und lebenswerter! Besonders, weil der Aufwand dafür eigentlich erstaunlich gering ist. Soll ich dir verraten, wie du dich mit deinem inneren Kind bzw. den beiden Seiten des inneren Kindes anfreunden und die wunderbare Energie dieser Freundschaft mit dir selbst nutzen kannst?

Die simple, aber entscheidende Grundregel dabei lautet: Du musst dich von nun an intensiv mit deinem inneren Kind ausein-andersetzen. Diese Zeit gehört dir ganz allein – vielmehr dir und deinem inneren Kind. Nur wenn man dies ernst nimmt, setzt die erwünschte Wirkung ein. Selbst wenn sich deine Erbtante in der festgesetzten Zeit plötzlich zum Kaffee einladen will, solltest du keinen Millimeter von deiner Inneren-Kind-Zeit abrücken! Denke immer daran, diese Zeit ist wirklich wichtig für dich und wird dir helfen, endlich zu dem zufriedenen und gelassenen Menschen zu werden, der du sein solltest. Du darfst das!

Hinsichtlich der Zeit gibt es unterschiedliche Ansichten. Während die einen empfehlen, jeden Tag eine halbe Stunde für das innere Kind zu reservieren, empfinden es andere Experten als hilfreicher, mindestens einmal die Woche mindestens zwei Stunden am Stück dafür zu blocken. Essenziell bei Letzterem: Das Aufsplitten dieser Zeit gilt nicht!

Meiner Meinung nach solltest du schauen, was für dich am besten passt und was sich einfach gut anfühlt. Während der eine gut damit fährt, anfangs besonders intensiv zu arbeiten und sich später einfach täglich den kleinen Kick zwischendurch holt, um die Emotionen frisch zu halten, ist für den anderen möglicherweise genau das Gegenteil richtig. Gerade wenn man eine sehr unschöne Kindheit hatte, kann es durchaus eine Option sein, erst einmal in kleinen Häppchen zu starten und zu testen, wie es einem damit geht. Im nächsten Schritt nimmst du dir dann größere Zeitblöcke und vertiefst die Arbeit mit deinem inneren Kind so allmählich.

Eine wunderbare und sehr hilfreiche Maßnahme bei der Arbeit mit dem inneren Kind ist das Betrachten alter Kinderfotos. Am besten stöberst du mal auf dem Dachboden oder im Keller nach Bildern von früher, sicherlich sind dort auch Aufnahmen dabei, auf denen du zu sehen bist. Nimm die vielleicht schon etwas vergilbte, ausgeblichenen oder etwas geknickten Fotos und schau sie dir ganz genau an. Versetze dich in den festgehaltenen Moment hinein und lass deine Gedanken fließen. In welcher Situation ist das Bild damals entstanden? Kannst du dich noch erinnern, was los war? Wie war es vorher, was ist hinterher geschehen? Überlege im nächsten Schritt, ob du für dich ganz persönlich aus diesem Moment eine Konsequenz gezogen hast. Ist hieraus ein Glaubenssatz entstanden? Und wenn ja: Ist er in deinem jetzigen Leben hilfreich oder behindert er dich womöglich in Wahrheit?

Ich habe beim Schreiben dieser Zeilen spontan ein altes Urlaubsfoto vor Augen, auf dem ich gerade in die grelle Nachmittagssonne blinzle. Entstanden ist das Bild in den Sommerferien auf der Nordseeinsel Wangerooge. Wir waren unterwegs auf einem Spaziergang durch die Dünen an diesem wunderbar sonnigen Tag und mir gellt noch die Aufforderung meines Vaters in den Ohren: Jetzt sieh mal fröhlich aus! Dann drückte er den Auslöser der Pocketkamera. Abgesehen davon, dass ich diese künstliche Fröhlichkeit schon als Kind als lästig empfunden habe, zog ich für mich daraus tatsächlich eine Konsequenz, die sich seither durch mein Leben zieht: Ich bin nicht fotogen. Seither vermeide ich es wie der Teufel das Weihwasser, fotografiert zu werden. Aber das nur als kleines Beispiel. Lass du jetzt deinen Gedanken einmal freien Lauf.

Wechsele nun im nächsten Schritt in dein Erwachsenen-Ich und schaue die Fotos erneut an. Was siehst du jetzt? Wie wirkt der junge Mensch auf dem Bild auf dein rationales, liebevolles Erwachsenen-Ich? Fällt dir etwas Besonderes auf?

Konzentriere dich jetzt auf das Gesicht des Kindes auf der alten Aufnahme. Welches Gefühl nimmst du dort wahr? Ist da Freude oder Trauer? Neugier oder Ärger? Was liest du in den Zügen? Denke dann darüber nach, wann welches dieser Gefühle auftaucht, und überlege, welchen Anlass es für diese Gefühle in diesem Augenblick gab. Und: Sprich ruhig mit dem Kind! Lass es wissen, dass du jetzt für es da bist und es schützen wirst. Mach ihm Mut und gib ihm Hoffnung und Liebe.

Generell kann ich dir nur wärmstens ans Herz legen, immer wieder mit deinem inneren Kind zu reden. Glaub mir, es hört aufmerksamer zu, als du es jetzt noch vermuten würdest ...

Sage ihm unter anderem Dinge wie:

- Es ist schön, dass es dich gibt.
- Du bist wunderbar, so wie du bist.
- Danke, dass du so stark bist und alles überwunden hast.
- Danke, dass du mir zeigst, welche Situationen schwer für dich waren.
- Ich verspreche, ich werde von nun an gut auf dich achten und dich beschützen.

Eine weitere gute Variante, um sich mit dem inneren Kind anzufreunden, ist der Besuch von Orten, an denen man sich damals als Kind häufig aufgehalten hat oder besonders intensive Erlebnisse hatte. Du könntest beispielsweise zu eurer alten Wohnung oder dem Haus fahren, wo du gelebt hast. Oder wie wäre es mit einem Spielplatz oder einem Sportverein, wo du viel Zeit verbracht hast? Vielleicht bist du im Frühjahr, wenn der Schnee getaut war, gemeinsam mit deinem Vater in einen Wald gefahren, um hier wilde Schlüsselblumen oder Maiglöckchen für deine Mutter zu pflücken und sie damit zu überraschen. Vielleicht kannst du an einer dieser Stellen spazieren gehen. Ebenso sind Orte, an denen du früher Urlaub gemacht hast, meist sehr reich an Erinnerungen an die Kindheit. Lass deine Fantasie spielen, welche Orte bringen dich deiner Kindheit näher? Und habe keine Furcht, falls so etwas wie Beklommenheit in dir aufsteigt bei einem Besuch und intensive Gefühle in dir aufsteigen. Das ist einfach nur das Zeichen, dass sich in dir etwas wirklich bewegt. Im nächsten Schritt überlasse deinem inneren Kind die Führung.

Spätestens jetzt zahlt es sich übrigens aus, wenn du dir für diese Ausflüge in deine Kindheit selbst mindestens zwei (ungestörte!) Stunden Zeit nimmst. Denn damit hast du den nötigen Freiraum, um die Dinge zu machen, die deinem inneren Kind Freude bereiten und bei denen es rundum glücklich ist. „Tanke" diese

Freude und das Glücksgefühl und mache sie so zu wichtigen Ressourcen, die dein Leben fortan bereichern. Also: Worauf hat dein inneres Kind Lust? Und bitte: Sag nicht von vornherein, XY ist albern oder nicht machbar. Alles ist erlaubt, was dein Kind sich gerade wünscht –Blumenpflücken auf einer Waldwiese, ein Ausflug in den Stadtpark, um dort in den Teichen die Goldfische zu beobachten, spontanes Kuchenbacken, ein Besuch im Schwimmbad, einfach mal laut singen, Pferde streicheln gehen, Tischfußball spielen oder was deinem Kind sonst gerade so in den Sinn kommt. Tu es und hab Spaß dabei!

Apropos: Dass du dein Smartphone dabei am besten ausschaltest, brauche ich sicher nicht extra erwähnen, oder?

Etwas, was mir persönlich unglaublich gutgetan hat, war das Schreiben eines Briefes an all die Menschen, die eine wichtige Rolle in meiner Kindheit gespielt haben. Als ich den Tipp bekam, war ich anfangs erst ein wenig unsicher – wie soll ich denn als Erwachsener einen Brief aus Kindersicht schreiben, ohne mir selbst albern vorzukommen? Ich hatte echte Zweifel, doch was mich umso mehr erstaunte, war: Sobald ich die Grußformel am Beginn da vor mir in meiner Handschrift auf dem weißen Papierbogen stehen sah, meldete sich mein inneres Kind zu Wort und übernahm gewissermaßen die Regie. Vollkommen mühelos gab mein Erwachsenen-Ich den Stift ab und das innere Kind übernahm. Und es war wirklich sehr froh, endlich einmal all das sagen zu dürfen, was es sich damals nicht getraut hatte. Der Stift flog nur so über das Papier! Mühelos formten sich Buchstaben zu Wörtern, die wiederum zu Sätzen und ganzen Absätzen. Mein inneres Kind hatte viel zu sagen. Beim Schreiben kamen altvertraute Gefühle hoch – Wut, Trauer, Hilflosigkeit, Verwirrung, Einsamkeit... Es war ein unglaublich intensives Erlebnis für mich, so sehr, dass ich nicht bemerkte, wie die Zeit dabei verging. Das Kind sprach mit den Eltern darüber, wie traurig es war, immer mit dem älteren Bruder verglichen zu werden. Es hoffte so sehr, endlich einmal nur um seiner selbst willen geliebt zu werden. Ohne Leistungen bringen zu müssen, um Anerkennung zu erhalten. Um überhaupt bemerkt zu werden! Der Brief richtete sich aber ebenso an den älteren Bruder, den der kleine Junge so sehr bewundert hatte immer. Er war sein Vorbild. Was hätte er darum gegeben, wenn sich dieses „goldene Kind" ein wenig mehr Zeit für den kleinen Jungen genommen hätte. Doch irgendwie schien er nicht gut genug zu sein ... Aber mein inneres Kind dankte auch für schöne Momente und Gefühle, denn die waren ebenfalls da gewesen. Augenblicke inniger Verbundenheit und Wärme. Deshalb war sich mein inneres Kind stets zutiefst sicher gewesen, dass die Eltern letztlich immer für es da sein würden. Trotzdem. Denn die Mama und Papa liebten das Kind. Ohne Wenn und Aber. Auch wenn sie manchmal ein wenig zu sehr den Fokus auf gute Leistungen legten – aus der eigenen Erfahrung heraus, wie schwer das Leben sein kann, wenn man keine gute Schulbildung hat und deshalb die beruflichen Perspektiven eingeschränkter sind. Ich werde meinem Vater ewig für seinen wichtigsten Rat an mich dankbar sein – auch wenn es manchmal eine schwere Verpflichtung ist: „Hauptsache, du bist glücklich."

Insofern meine Empfehlung an dich: Schreibe einen Brief an die wichtigsten Menschen deiner Kindheit. Natürlich kannst du für dich persönlich entscheiden, an wen sich der Brief richten soll. Lausche einfach in dich hinein, wem dein inneres Kind etwas zu sagen hat. Du darfst in diesem Brief wirklich alles loswerden, was dein inneres Kind beschäftigt: Schönes, Schlimmes, Trauriges, Böses, Lustiges. Was auch immer. Es gibt bei diesem Brief nämlich eine entscheidende Grundregel: Er wird nicht abgeschickt. Es geht nur darum, dir die Dinge, die dich all die Jahre innerlich beschäftigt haben, einmal von der Seele zu schreiben. Du wirst merken, wie befreit du dich schlagartig fühlst, sobald du das letzte Wort zu Papier gebracht hast. Dann kannst du mit dem Brief machen, was du willst. Du kannst ihn ganz nach hinten in deine Schublade legen oder ihn feierlich verbrennen. Das ist ganz allein deine Entscheidung. Aber ich dir versprechen: So bekommst du alte Verletzungen und Gefühle wunderbar aus dem Kopf.

Eine weitere außerordentlich gute und effektive Art und Weise, um mit seinem inneren Kind in Kontakt zu kommen und sich mit ihm zu versöhnen, ist Meditation.

Ich muss gestehen, dass ich lange Zeit damit meine Schwierigkeiten hatte und Meditation sogar ein wenig belächelt habe. Es hatte für mich einfach lange Zeit etwas von Blumen im Haar, langen, wallenden Gewändern und Räucherkerzen. Das verrät allerdings nur, dass auch ich im Laufe meines Lebens eine Menge dazulernen musste! Moderne neurowissenschaftliche Studien belegen nämlich eindeutig, wie nützlich und hilfreich Meditation ist. Sie ist weit davon entfernt, spiritueller „Hokuspokus" zu sein. Meditation hilft beispielsweise ebenso bei chronischen Schmerzen wie auch bei Steuerungsprozessen, also bei denen unser Körper vom Kopf gesteuert wird. Bekannt ist etwa, dass mittels Meditation der eigene Herzschlag beeinflusst werden kann – und derartiges mehr. Selbst bei Ängsten und emotionalen Schmerzen erzielt Meditation guter Ergebnisse. Und das hat mich absolut überzeugt. Inzwischen bin ich sogar ein echter Fan von Meditation.

Diese besondere Form der Achtsamkeit wird dir dabei helfen, deine bewussten Gedanken einmal in den Hintergrund treten zu lassen. So haben deine Gefühle die Chance, einmal deutlich zutage treten zu können. Nimm bei der Meditation die Gelegenheit wahr, die Emotionen deines inneren Kindes zu erleben und darin einzutauchen. Wo haben sie ihren Ursprung? Was tun die Gefühle mit dem Kind? Was hat dies mit seiner Sicht auf die Welt gemacht? Im Umkehrschluss lässt sich eine Meditation hervorragend nutzen, um dem inneren Kind endlich die Liebe und Wärme zu geben, die es braucht, um zufrieden zu sein und sich angenommen zu fühlen. Schon eine zehnminütige Meditation am Tag reicht vollkommen aus! Diese paar Minuten deiner wertvollen Zeit zu investieren, ist wirklich mehr als lohnend. Deshalb gebe ich dir nachfolgend gleich drei Anregungen.

MEDITATION: KONTAKT MIT DEINEM INNEREN KIND

Du darfst bequem sitzen oder liegen. Schließe deine Augen, nimm einen tiefen Atemzug und atme langsam wieder aus.

Wiederhole das ein paar Mal und spüre, wie die Luft durch deinen Körper ein- und ausströmt.

Stelle dir nun vor, wie du eine Kellertür öffnest. Steige die Wendeltreppe hinab.

Gehe Stufe für Stufe hinunter.

Wenn du ganz unten angekommen bist, ist dort eine Tür.

Nimm einen weiteren tiefen Atemzug und öffne diese Tür. Lege deine Hand auf die Klinke und drücke sie hinunter. Die Tür ist nicht verschlossen und öffnet sich ganz leicht.

Vor dir steht ein kleines Kind. Wenn du es ansiehst, spürst du, dass dir das Kind bekannt vorkommt. Und am Blick des Kindes erkennst du, dass es dich ebenfalls erkennt. Du weißt, wer dieses Kind ist: Es ist dein Schattenkind.

Sei bitte behutsam, dein Schattenkind hat dich eine ganze Weile nicht gesehen.

Warte einfach erst mal ab.

Vielleicht möchtest du dich auch neben dein Schattenkind setzen und ihm so zeigen, dass du für es da bist.

Vielleicht möchte dein Schattenkind dir etwas sagen. Was erzählt es dir? Ist es gerade traurig? Fühlt es sich verletzt oder ist es verängstigt?

Sage ihm, dass du für es da bist und es von nun an beschützt. Es braucht keine Angst mehr zu haben.

Es braucht sich nicht mehr fürchten und allein fühlen, denn von nun an wirst du ihm Liebe geben.

Wenn es für dein Schattenkind in Ordnung ist, nimm es vorsichtig in den Arm. Lass es spüren, wie sehr du es liebst.

Nimm dir dafür so viel Zeit, wie du möchtest.

Komm jetzt langsam wieder zurück. Lass die Geräusche um dich herum lauter werden. Atme tief ein und aus. Spüre deinen Körper wieder, beginne, dich zu bewegen. Wenn du wieder vollends im Hier und Jetzt bist, öffnest du deine Augen.

MEDITATION: DER SICHERE ORT

Du darfst bequem sitzen oder liegen. Schließe deine Augen, nimm einen tiefen Atemzug und atme langsam wieder aus.

Wiederhole das ein paar Mal und spüre, wie die Luft durch deinen Körper ein- und ausströmt.

Lass deine Gedanken jetzt zu einem wunderschönen Ort wandern. Vielleicht ist es ein Ort, den du schon kennst, oder es ist ein Ort, den du dir jetzt kreierst. Ein Ort, der die sehr, sehr guttut und wo du dich absolut sicher fühlst. Hier ist dir einfach alles vertraut.

Es kann ein Strand sein, …

… ein Wald …

… oder ein Ort ganz woanders …

… vielleicht ist es morgens …

… oder abends …

Male dir den Ort in deinem Innersten so aus, wie es sich für dich richtig anfühlt.

Das ist ok so, denn nur du ganz alleine bist hier. Hier bist du für dich.

Du fühlst dich hier unendlich geborgen und sicher. Du weißt, dass du an diesem wunderschönen Ort gut aufgehoben bist und dir keine Sorgen machen musst.

Du bist dir selbst ganz nah.

Du fühlst dich an diesem besonderen Ort vollkommen wohl.

Spüre, wie dieses Gefühl von Geborgenheit, Vertrauen und Sicherheit jede Zelle deines Körpers und deiner Seele erfüllt.

Was gibt es an diesem wunderbaren, sicheren Ort zu hören? Oder genießt du einfach die herrliche Stille um dich?

Schmücke diesen Ort nun so aus, dass du dich noch etwas wohler und geborgener hier fühlst.

Tauche mit deinen nächsten Atemzügen nun noch tiefer in diesen angenehmen Zustand ein.

Nimm dir dafür so viel Zeit, wie du magst.

Von nun an wirst du immer, wenn du es möchtest, an diesen Ort zurückkehren können.

Du musst dazu nur an den Ort denken und schon kehrst du mit deinem gesamten Erleben hierher zurück. Augenblicklich wirst du erneut dieselben Gefühle erleben – Geborgenheit, Vertrauen und absolute Sicherheit.

Wir können diesem Ort den Namen „sicherer Ort" geben – oder du nennst ihn einfach so, wie es sich für dich richtig anfühlt.

Sobald du diesen Namen sagst, wirst du von Neuem und das schöne, wohlige, angenehme Gefühl eintauchen und neue positive Energien sammeln. So, als würdest du deinen inneren Akku aufladen. An diesem speziellen Ort, der dir hilft, dich rundum geborgen und perfekt aufgehoben zu fühlen.

Bleib so lange in diesem Raum, wie du möchtest.

Komm jetzt langsam wieder zurück. Lass die Geräusche um dich herum lauter werden. Atme tief ein und aus. Spüre deinen Körper wieder, beginne, dich zu bewegen. Wenn du wieder voll und ganz im Hier und Jetzt bist, öffnest du deine Augen.

MEDITATION: VERDRÄNGTE GEFÜHLE UMWANDELN

Du darfst bequem sitzen oder liegen. Schließe deine Augen, nimm einen tiefen Atemzug und atme langsam wieder aus.

Wiederhole das ein paar Mal und spüre, wie die Luft durch deinen Körper ein- und ausströmt.

Richte deine Konzentration nun nach innen.

Spüre in deinem Körper nach, wo gerade die größte Anspannung ist. Fühlst du irgendwo eine Blockade? Gibt es da ein Gefühl der Enge oder des Drucks?

Erlaube diesem Gefühl, dass es da sein darf. Es ist völlig ok so.

Gehe jetzt mit deiner Aufmerksamkeit in das Zentrum dieser Empfindung. Immer tiefer und tiefer. Bis es nicht mehr intensiver geht.

Atme nun ein und durch diesen Schmerzpunkt wieder aus.

Öffne dich für den Gedanken, dass du es warst, der diese Empfindung irgendwann einmal erschaffen hat.

Spüre nach, welches Gefühl genau sich in dem Schmerz versteckt.

Ist es Trauer? Ärger? Zorn? Erstarrung? Angst? Unsicherheit? Der Eindruck des Ausgeliefertseins? Hilflosigkeit?

Sei offen für dein Gefühl, egal, welches es ist. Alle Gefühle in dir dürfen da sein.

Achte nur darauf, ob ein spezielles Gefühl in dir auftaucht – und welches genau das ist.

Beobachte einfach nur und atme gleichmäßig ein und aus.

Ein und aus.

Es ist dein Gefühl, du selbst hast es erschaffen.

Es ist in Ordnung, dass es da ist. Und es ist so in Ordnung, wie es ist.

Stell dir jetzt vor, dass da plötzlich ein helles, strahlendes, angenehm warmes Licht ist.

Es umfließt dich vollkommen.

Das herrliche Licht fließt auch in deinen kompletten Körper. Vor allem in die Körperstelle.

Fühle, wie das wunderbar warme, helle, freundliche Licht alles in dir erfüllt.

Genieße dieses herrliche, unbeschwerte Gefühl so lange, wie du möchtest.

Komm jetzt langsam wieder zurück. Lass die Geräusche um dich herum lauter werden. Atme tief ein und aus. Spüre deinen Körper wieder, beginne, dich zu bewegen. Wenn du wieder voll und ganz im Hier und Jetzt bist, öffnest du deine Augen.

TRANSFORMIERE DEIN GLAUBENSSYSTEM

Um deine negativen Gedanken endgültig zu überwinden, ist aber noch etwas wichtig: Du musst dein bisheriges Glaubenssystem auflösen. Wie problematisch die eigenen, unbewussten Glaubenssätze sind und wie sehr sie unsere Sicht auf die Welt beeinflussen, weißt du ja bereits. Doch jetzt müssen wir noch einen Schritt weitergehen – du musst beginnen, diese Glaubenssätze genau zu überprüfen, und sie gegen andere, bessere austauschen. Sicherlich erinnerst du dich noch an mein Beispiel am Anfang, die „Schlacht" am kalten Buffet. Warum hat mich die Kritik der Frau bei dieser Gelegenheit so sehr getroffen? Weil sie mit ihrem Schimpfen und den Vorwürfen, die nicht der Realität entsprachen (!), meine Glaubenssätze und Programmierungen getriggert hat. Anstatt über das Gewettere zu schmunzeln und einfach einen augenzwinkernden Kommentar in ihre Richtung zu machen, traf mich die Frau damit zutiefst und aktivierte ungebremst alte Gefühle wie Ohnmacht und Wut. Was ich sagen will: Meine Reaktion war den realen Tatsachen überhaupt nicht angemessen. In keiner Weise. Vielmehr hatte ich einen akuten Konflikt mit meinen persönlichen Glaubenssätzen und den dahinter stehenden alten Verletzungen. Das ist der Kern hinter allen Problemen, die wir uns selbst machen.

Wenn es dir oftmals ähnlich geht und du scheinbar grundlos immer wieder überreagierst oder in manchen Situationen generell extrem gestresst bist und keinen halbwegs angemessenen

Erregungslevel hast, solltest du nun daran gehen, dich selbst zu stabilisieren. Das geht nur durch den Umbau deines Glaubenssystems.

Dass unsere Glaubenssätze letztlich komplett beliebig sind, ist dir bereits bekannt. Deine Glaubenssätze sagen rein gar nichts über dich selbst als Person aus – sie zeigen nur, wie du groß geworden bist. Es sind Aussagen deiner Eltern und deines Umfeldes, auf deren Grundlage du Schutzstrategien entwickelt hast. Hast du etwa die innere Überzeugung, dass es nur an dir selbst liegt, dass du diese oder jene Charaktereigenschaft hast, bist du bereits auf dem Holzweg! Es stimmt schlicht und ergreifend nicht. Du kannst der Mensch sein, der du sein möchtest.

Ja, bitte lass dir diesen Satz noch einmal auf der Zunge zergehen.

Für viele Menschen grenzt das, was ich da eben geschrieben habe, schon fast an ein Majestätsverbrechen. Denn die Konsequenz aus der Beliebigkeit der inneren Glaubenssätze ist schließlich: Wenn dir dein Glaubenssystem nicht guttut, kannst du es einfach wieder zurückgeben. Warum auch nicht, schließlich sind es gewissermaßen ja die Glaubenssätze deiner Eltern. Nur das fühlt sich dann ja schon fast so an, als wäre man ein undankbares Kind. NEIN! Das ist keine Frage der Loyalität. Wenn du gesunde und hilfreiche Glaubenssätze hast, wirst du endlich zufrieden und eins mit dir selbst durchs Leben gehen können.

Nimm bitte jetzt deine Glaubenssätze zur Hand, die du in der Übung notiert hast. Gute Indikatoren für schlechte Glaubenssätze sind übrigens Wörter wie: muss, sollte, darf nicht, niemals, immer, völlig, keiner, niemand, alle, jeder ... also Verallgemeinerungen. Lass dir deine Glaubenssätze noch einmal durch den Kopf gehen und achte auf die Gefühle, die sie in dir auslösen. Auch wenn ungute Glaubenssätze uns gerne an der Nase herumführen, weil sie so tun, als wären sie allgemeine Wahrheiten, sind sie nichts als Blender. Deshalb solltest du diese Aussagen ruhig auf ihren Wahrheitsgehalt abklopfen. Frage dich also selbst:

- Wieso glaube ich eigentlich, dass die Aussage stimmt? Habe ich schon einmal entsprechende Erfahrungen gemacht, weshalb ich das annehme? Ist das auch jetzt noch gültig?
- Spiegeln die Gedanken die Tatsachen wider? Welche Belege gibt es dafür – und welche Fakten sprechen dagegen?
- Trifft das immer und bei jedem Menschen zu?
- Ist der Gedanke hilfreich für mich? Fühle ich mich dadurch so, wie ich mich fühlen möchte?
- Ermöglicht mir der Glaubenssatz, meine persönlichen Ziele zu realisieren?

Im nächsten Schritt gehst du daran und formulierst die Glaubenssätze, die dir nicht guttun und die nicht den Tatsachen entsprechen, um. Mach sie passend für dich – aber bitte richtig, sonst klappt es nämlich nicht. Ein paar Grundregeln bei der Bildung neuer Glaubenssätze muss man dann doch beachten. Beispiele gefällig?

Lautet dein Glaubenssatz etwa:

Ich bin einfach zu dumm dafür.

Ist die Aussage:

Ich bin NICHT zu dumm dafür.

... keine gute Alternative. Unser Verstand „überhört" das Wort „nicht" grundsätzlich gerne mal. Ich beweise es dir: Wenn ich dir sage „Denk jetzt NICHT an rosa Elefanten!" – was siehst du dann vor deinem inneren Auge? Eben drum.

Deutlich besser wäre stattdessen der Glaubenssatz:

Ich kann bereits viel und lerne täglich dazu.

Möchtest du ein paar weitere Beispiele als Anregung? Kein Problem, ich liste dir gerne ein paar gängige Glaubenssätze auf, mitsamt einer besseren Alternative.

Keiner liebt mich.

→ *Ich werde geliebt.*

Ohne Partner kann man nicht glücklich sein.

→ *Ich kann auch alleine glücklich sein.*

Ich muss perfekt sein.

→ *Meine kleinen Fehler machen mich interessant.*

Bloß kein Risiko eingehen.

→ *Je mehr ich wage, desto mehr Chancen ergeben sich.*

Das Leben ist schwierig und hart.

→ *Mein Leben darf leicht und schön sein.*

Der Klügere gibt nach.

→ *Ich stehe zu meiner Meinung.*

Übrigens: Die neuen Glaubenssätze sollten unbedingt zu dir passen! Wenn du schon beim Lesen schmunzeln musst und die Aussage nicht glauben kannst, dann suchst du besser noch etwas weiter. Denn gegen offensichtlich unpassende Glaubenssätze wird sich dein Verstand instinktiv wehren. Zum Glück! Das ist der Grund, weshalb es rein gar nichts bringt, sich ständig Sachen wie „Ich bin schön, alle lieben mich." vorzubeten, wenn man eigentlich denkt „Ich bin hässlich, niemand mag mich". Das glaubst du dir sowieso nie im Leben.

Mache deine neuen, positiven (und gut konstruierten!) Glaubenssätze von nun an zu deinem persönlichen Mantra. Sage sie dir so
oft es geht laut vor, lese sie, singe sie, verteile Zettel damit an all
den Orten, die du über den Tag so aufsuchst. Optimal wäre es,
wenn du sie vor einem Spiegel stehend sprichst und dich dabei
anschaust. Und dann habe einfach etwas Geduld. Wobei du das
Verinnerlichen etwas beschleunigen kannst: Je öfter du dir diese
Glaubenssätze „vorsagst", desto schneller wirst du die alte
Programmierung in deinem Kopf überschreiben. Das Grundprinzip lautet schließlich: Wenn du dir 1.000 Mal gesagt hast,
dass du hässlich bist und dich niemand mag, kannst du das nur
überschreiben bzw. löschen, wenn du deinen positiven Glaubenssatz mindestens 1.001 Mal sagst. Also ganz nach der Devise:
immer einmal mehr wie du.

DER ALLTAGS-TEST

Spätestens jetzt ist es an der Zeit, endlich mit dem „Ertappen-
und-Umschalten-Spiel" zu starten. Denn wenn du die typischen
Gefühle deines inneren Schattenkindes kennst und anfängst, dein
Glaubenssystem auf den Kopf zu stellen, ist es an dir, immer
wieder und so schnell wie möglich zu realisieren, wenn du
gerade auf dem besten Wege bist, in die alten Gedankengänge
abzurutschen. Je eher es dir auffällt, desto besser! Dann umso
leichter fällt es dir, wieder ins Hier und Jetzt zu gehen und dein
Erwachsenen-Ich einzuschalten. Zumal das Durchbrechen des
Automatismus' nach all den Jahren durchaus am Anfang eine
Herausforderung darstellt. Lass dich davon bitte nicht entmuti-
gen, sondern freue dich über jedes Mal, wo du dich ertappst –
und besonders dann, wenn du feststellst, dass es dir schneller
gelingt als noch am Tag zuvor.

Als besonders effektiv und nützlich hat sich eine analytische
Herangehensweise erwiesen. Nein, keine Sorge, das bedeutet

nicht, dass es jetzt so zugeht wie früher im Mathematik-Unterricht in der Schule. Vielmehr sollst du ganz bewusst mal deinen Alltag unter die Lupe nehmen und dir ein paar Gedanken dazu machen, wo das Umschalten ins Erwachsenen-Ich bzw. das Anwenden deiner optimierten Glaubenssätze für dich besonders schwierig ist. Je ehrlicher du dabei bist, desto besser ist das natürlich. Aber das ist dir sicher schon längst klar. Und bitte: Wenn du hier aktuell noch vor Schwierigkeiten stehst, bedeutet das NICHT (und dieses „nicht" bitte wirklich wahrnehmen und keine rosa Elefanten) automatisch, dass du es nie hinbekommst oder etwas nicht gut machst. Es ist lediglich eine Bestandsaufnahme des Ist-Zustands – aber der ist nicht in Stein gemeißelt. Es ist mir an dieser Stelle unglaublich wichtig, noch einmal eins zu betonen: Selbst, wenn dir etwas nicht ganz so schnell gelingen sollte, sagt das rein gar nichts über dich als Mensch aus. Verstehst du? Wirklich? Falls du jetzt dennoch ein ungutes Gefühl in der Magengegend haben solltest, liegt es daran, weil sich mal wieder deine alten Glaubenssätze nach vorne gemogelt haben. ERTAPPT!

Besonders verdächtig sind dabei natürlich alle Situationen, in denen du besonders impulsiv oder undurchdacht handelst. Einsamkeit ist ebenfalls etwas, das bei vielen Menschen das innere Kind aktiviert. Hast du kein stabiles Urvertrauen in deiner Prägephase erlebt, nagt an deiner Seele nämlich stets das kleine Ungeheuer, das „Furcht vor dem Verlassen werden" heißt. Eine zutiefst existenzielle Furcht, denn ein Baby würde schlicht und ergreifend sterben, wenn es einfach von der Mutter verlassen wird. Fehlt das Urvertrauen, so wird der Betreffende stets eine tiefe Unsicherheit in sich tragen. Diese Tatsache ist so wichtig, dann man sie gar nicht oft genug betonen kann.

Wer gerade in einer Beziehung ist, sollte genau hinschauen. Wann spürst du, dass du zu schnell nachgibst oder dich überrumpelt fühlst? Oder in welchen Momenten reagierst du heftiger bzw. emotionaler als nötig? Natürlich lohnt es sich, ebenso alle anderen Beziehungen in deinem Leben unter die Lupe zu nehmen, immerhin ist unser Leben bestimmt durch ein Geflecht an Beziehungen – zu den Eltern, Familienangehörigen, Freunden, Bekannten usw. Auch die Arbeitskollegen nicht zu vergessen. Denn der Arbeitsplatz ist meist ebenfalls eine Quelle von möglichen Problemen. Wenig überraschend, wenn man bedenkt, dass wir dort in der Woche +/- 38-40 Stunden dort verbringen. Und es gibt wirklich jede Menge Konfliktpotenzial: Beziehungen mit Kollegen, Hierarchien, Tätigkeiten und Arbeitsaufgaben, stressige Situationen, Meetings und noch vieles mehr. Deshalb solltest du auch hier ab sofort einen wachen, aufmerksamen Blick haben. Gibt es Kollegen, mit denen die Chemie nicht stimmt? Welche Gefühle werden dann in dir aktiv, wenn du mit diesem Kollegen zusammen bist? Wie ist es, wenn du vor deinem Chef stehst und er (oder sie) etwas mit dir besprechen will? Magst du alle deine Aufgaben oder musst du manchmal Dinge tun, die du nicht so gerne machst? Wie fühlst du dich in solchen Momenten? Was passiert in dir, wenn du auf einen Fehler angesprochen wirst? Du siehst, es ist ein weites Feld – und ein offenes Auge wird dir helfen, ab sofort schnell genug umzuschalten und mögliche Trigger zu entlarven, ehe sie dich voll aktivieren können.

Und wo wir schon dabei sind: Frage dich selbst in solchen Augenblicken ganz ehrlich, was da eigentlich gerade für ein Programm in dir aktiviert wird! Gibt es Denkweisen oder Verhaltensmuster, die du bereits kennst – wenn du ganz ehrlich zu dir selbst bist? Ehe du nun etwas Spontanes oder Unüberlegtes tust, stelle dir bitte von nun an die Frage: Was passiert hier eigentlich gerade? Welche Situation aus meiner Vergangenheit durchlebe ich hier in diesem Moment erneut? Wieso werde ich noch immer mit dieser Situation konfrontiert? Gibt es einen Grund dafür? Die zielgerichtete Selbstbeobachtung ist das A und

O, wenn du eine nachhaltige Veränderung bewirken willst. Besonders weil du es jetzt in der Hand hast, anders mit deinen alten Gefühlen umzugehen. Sage dir ab sofort beispielsweise selbst:

- Ach, das ist nicht schlimm. Das sind nur alte Gefühle, die sich gerade zu Wort melden.
- Das ist vergangen. Jetzt bin ich erwachsen und bin absolut in Sicherheit.
- Aha, wieder das alte Video. Na ja, ich schaue mal kurz rein.
- Schau an, mein altes Schattenkind hat etwas zu sagen. Ich höre mal kurz hin.

Ich bin mir sicher, dass diese neue Einstellung deine bisherige Sicht auf die Dinge auf den Kopf stellen wird.

REFLEXIONEN

Ganz nach dem Motto „Nur Übung macht den Meister" habe ich hier noch ein paar weitere Anregungen, um die Arbeit mit dem inneren Kind zu vertiefen. Schärfe deinen Blick und entwickele ein gutes Gespür für deine Emotionen.

1. Inwiefern besteht ein Zusammenhang zwischen deinem SONNENkind und deinen aktuellen Bedürfnissen?

2. Inwiefern besteht ein Zusammenhang zwischen deinem SCHATTENkind und deinen aktuellen Bedürfnissen?

3. Falls du wissen möchtest, ob bereits eine Änderung in deiner Einstellung bewirkt wurde, kannst du dies selbst ganz einfach testen. Nimm dich dabei auf, wie du eines der Meditationstexte laut vorliest. Spiele dir die

Aufnahme danach vor und höre mit geschlossenen Augen zu. Eine Woche später wiederholst du die Aufnahme.

Achte nun beim Zuhören darauf, ob du eine Veränderung in deiner Stimme wahrnimmst. Hört sie sich womöglich wärmer oder zuversichtlicher an? Falls ja, nähern sich dein Erwachsenen-Ich und dein inneres Kind bereits an und beginnen, allmählich zusammenzuwachsen.

Gehst du von nun an mit offenen Augen durch deinen Alltag und achtest zugleich sensibel auf deine Gefühle in den unterschiedlichsten Momenten, wird sich dein komplettes Leben zusehends verändern. Es wird besser werden, ich bin mir ganz sicher. Du schaffst das! Nach und nach gelingt es dir, dich mit deinem inneren Kind zu versöhnen – und das ist die Voraussetzung für dein neues Ich. Freue dich schon jetzt auf dieses unvergleichliche Gefühl, wenn du vollkommen eins mit dir sein wirst, in dir ruhst, Zufriedenheit ausstrahlst und du deine negativen Denk- und Verhaltensweisen vollständig im Griff hast. Bahn frei für dein neues Leben!

DIE 60 SEKUNDEN-BEWERTUNG

Sollte dir das Buch gefallen haben, wäre ich (und die vielen anderen Menschen, die wie du, auch auf der Suche nach ein wenig mehr Glück im Leben sind) dir unendlich dankbar, wenn du dir ganz schnell 60 Sekunden Zeit nehmen würdest und eine kurze Bewertung auf Amazon hinterlässt.

Du hilfst dabei, mehr Menschen auf die positive Lebensweise aufmerksam zu machen. Wollen wir nicht alle mehr positive Menschen in unserem Umfeld?

Gib einfach den folgenden Link in die Adressleiste deines Browsers ein oder nimm dein Handy und halte die Fotokamera auf diesen QR-Code:

https://www.amazon.de/review/create-review?&asin=
1955763135

Über den Link kommst du direkt zur Bewertungsseite.

Vielen Dank!

ZUSAMMENFASSUNG

Ich weiß nicht, wie es dir gerade geht, aber ich sitze hier in diesem Moment und genieße eine ganz hervorragende, sahnige Panna Cotta – und zwar ganz ohne irgendwelche Schuldgefühle oder derartiges. Ich spüre allerdings, dass es tief in mir drin ein inneres Kind gibt, das vor lauter Glück und Zufriedenheit über das ganze Gesicht strahlt. Es leuchtet geradezu aus sich heraus. Wir beide sind inzwischen enge Freunde geworden und das macht vieles unendlich leichter.

Diese Leichtigkeit merke man mir auch an, betonen meine Lebensgefährtin sowie meine beiden Kinder gleichermaßen. Ich denke, sie wissen es am besten, denn immerhin sind sie die Menschen, die am innigsten mit mir verbunden sind. Wobei mir Kollegen und Bekannte ebenfalls regelmäßig das Feedback geben, wie sehr ich mich verändert hätte. Sie suchen nun mehr und mehr meine Nähe, weil sie das beruhigende Gefühl lieben, mit einer Person Zeit zu verbringen, die so sehr in sich selbst ruht und Zufriedenheit ausstrahlt.

Ich hätte niemals gedacht, dass man die Änderung meiner inneren Einstellung sogar von außen so deutlich merken würde!

Tatsache ist: Ich finde es großartig und frage mich inzwischen, wie ich so lange ohne diesen Einklang mit mir selber leben konnte.

Wie ist es bei dir? Bemerkst du ebenfalls bereits die ersten Veränderungen in deinem Denken und in deiner Sichtweise auf die Welt und die Menschen darin? Vielleicht sind es erst vermeintliche Kleinigkeiten, doch diese bereiten den Anfang deines Weges zu einer ganzen, heilen Persönlichkeit. Du kennst doch bestimmt die Redewendung: Jede lange Reise beginnt mit dem ersten Schritt? Genau so ist es auch mit der Inneren-Kind-Arbeit. Doch ich kann dir eins sagen, die Mühe lohnt sich! Und das Ankommen ist dann umso schöner und erfüllender. Ich werde nie das zutiefst glückliche Gefühl vergessen, als ich damals kurz vor dem Abitur mit meinem Oberstufenkurs die Fahrt nach Rom gemacht habe. Wir sind damals noch mit dem Nachtzug in die Ewige Stadt gefahren. Im Morgengrauen durchquerten wir die Toskana, ehe wir um 8 Uhr an einem wunderbar sonnendurchfluteten Tag in den Bahnhof Roma Termini einfuhren – nach 17 (!) Stunden im Zug. Um uns herum der Duft von frischem Espresso, Croissants, fröhlich redende Menschen. Es war ein unvergleichlicher Moment, der sich für immer in meinen Kopf eingebrannt hat. Eine echte Ressource, bei der ich schon beim Schreiben zu lächeln beginne. Wie anders war dagegen letzten Sommer der Kurztrip mit dem Flieger nach Rom! Gerade einmal zweieinhalb Stunden waren wir unterwegs gewesen, als wir in Fiumicino landeten. Ein Tag, der nur grau und verwaschen ist, wenn ich versuche, mich daran zu erinnern. Ähnlich wie der Aufenthalt vor Ort – während die Bahnreise und die sieben Tage in Rom mit der Schule bis in alle Ewigkeit klar vor meinen Augen stehen wird. Ich kann mich an fast jeden Moment erinnern. Die lange Reise war definitiv die bessere. Sie hat mir letztlich so viel mehr gegeben . Die eine echte Bereicherung für mich war.

Deshalb kann ich dich nur ermutigen, dich intensiv mit deinem inneren Kind auseinanderzusetzen. Nutze die Gelegenheit, selbst wenn es in manchen Momenten vielleicht nicht unkompliziert ist und sicherlich auch Gefühle auftauchen, die weniger schön sind. Halte es aus und denke daran: Du hast es jetzt in der Hand, diese alten Verletzungen zu heilen! Aber das geht nur, wenn du die verschütteten Kindheitserinnerungen wie ein Archäologe erst einmal wieder ans Tageslicht holst. Natürlich hat Verdrängung einen Grund! Es ist der Versuch, mit dem Schmerz umzugehen, um weiterleben und -funktionieren zu können. Dennoch wird dieser Schmerz unterschwellig in dir immer weiter nagen und sich bei jeder Gelegenheit zu Wort melden. Willst du nicht mehr solchen Gefühlen fremdbestimmt werden, hast du nur eine Wahl: Du musst den roten Faden finden und die Verletzungen deines Schattenkindes aufdecken und annehmen.

Du hast beim Lesen dieses Buches sicherlich schon festgestellt, dass die Arbeit mit dem inneren Kind an vielen Stellen echter Detektivarbeit gleicht. Denn du musst die Antworten auf zahlreiche Fragen finden, um das Schattenkind in dir wirklich zu verstehen. Besonders wichtig ist es beispielsweise, sich klar zu werden über diese Punkte:

- Gab es in meinem Elternhaus Gefühle, die ein No-Go waren? Waren Wut und Trotz etwa verpönt, wird das im weiteren Leben entscheidende Konsequenzen für deine Fähigkeit der Selbstbehauptung haben.
- Welche Aussagen und Sätze bekam ich immer wieder zu hören?
- Für welche Dinge bekam ich ein Lob?
- Was mag ich jetzt besonders gerne?
- Wie führe ich jetzt mein Leben?

Nimmst du die Antworten auf diese entscheidenden Fragen zusammen, liegt dein persönliches inneres Glaubenssystem ausgebreitet vor dir – und du weißt, durch welche Brille du auf die Welt schaust.

Das ist der erste wichtige Schritt. Aber du weißt ja nun, dass diese Glaubenssätze, die du verinnerlicht hast, vollkommen beliebig sind. Wenn sie für dich nicht förderlich sind, so darfst – nein, musst! – du sie verändern. Es gibt kein Gesetz, dass dir vorschreibt, für alle Ewigkeit die Regeln deiner Eltern weiter zu übernehmen. Du musst nicht länger das überangepasste Kind sein, das immer lieb und artig ist, damit Mama im zugewandt bleibt und sich um es kümmert. Du bist nicht länger abhängig von ihr, sondern kannst dich als erwachsener Mensch jetzt selbst um die Erfüllung deiner Bedürfnisse kümmern. Und das wirst du wunderbar machen, ich bin mir sicher! Lasse die alte Schutzstrategie hinter dir – du darfst das.

Der entscheidende Punkt bei der Arbeit mit dem inneren Kind ist es, endlich zu mehr Wohlwollen mit sich selbst zu gelangen – und darüber hinaus auch zur mehr Wohlwollen mit seiner Umwelt. Denn wer sich selbst liebt und mit sich selbst freundlich umgeht, der wird insgesamt ein glückliches, achtsames und ausgeglichenes Leben führen. Diese neue Einstellung hat nämlich enorme Auswirkungen, auch auf dein gesamtes Umfeld. Deine Beziehungen werden sich deutlich verbessern, schöner und bereichernder werden. Stell dir vor, wie es sein wird, wenn du einfach offen und ohne versteckte negative Gefühle auf Partner, Freunde, Bekannte oder Kollegen zugehst, wenn du nicht mehr einfach alles glaubst, was du fühlst – die positive Resonanz wird überwältigend sein, ganz sicher.

Damit dir dies gelingt, gehst du, wie beschrieben, am besten Schritt für Schritt vor:

Um die alten Verletzungen aus der Kindheit loszuwerden, musst du dich zunächst erst einmal ent-SCHULD-en, indem du mit deinem inneren Schattenkind in Kontakt kommst.

Mache dir deine inneren Glaubenssätze bewusst. Stelle dir dazu die Fragen: Wie sehe ich mich selbst? Was halte ich von mir? Wie bin ich aufgewachsen? So identifizierst du deine Prägungen.

Gehe außerdem mit offenen Augen durch deinen erwachsenen Alltag gehen und einmal schauen, welche Rollen du typischerweise übernimmst. Welcher Bezug könnte zu deinem Schattenkind bestehen?

Jetzt geht es an die Heilung des Schattenkindes: Ändere dazu deine Glaubenssätze! Sie sind absolut willkürlich und zeigen nur, wie du als Kind groß geworden bist. Es liegt nicht an DIR, dass du so bist, wie du jetzt bist – du wurdest so von deinen Bezugspersonen geprägt. Du hast absolut jedes recht, die Glaubenssätze wieder an deine Eltern zurückzugeben und dir besser passende zu suchen.

Nun ist es allerspätestens Zeit für dein Sonnenkind, deine persönlichen Ressourcen, deine positiven Seiten. Setze dich mit deinen Stärken und guten Erfahrungen auseinander, um deinen Selbstwert auf natürliche Weise aufzubauen und zu stärken. Eine wunderbare Maßnahme sind hier Meditationen, bei denen du mit dieser Seite deines Ichs in Kontakt trittst.

Hast du dies alles bewältigt, geht es endlich an die praktische Umsetzung, du musst nun jederzeit bereit für das Ertappen-und-Umschalten-Spiel sein. Sensibilisiere deine inneren Antennen darauf, wenn du wieder dabei bist, in dein altes Programm hineinzurutschen. Je schneller du dich ertappst, desto eher hast du es in der Hand, wieder umzuschalten. Gehe hierbei akribisch vor, denn so lassen sich am schnellsten und am nachhaltigsten Erfolge erzielen.

Jetzt, wo du die Vorgehensweise kennst und alle nötigen Informationen hast, steht der Versöhnung mit deinem inneren Kind eigentlich nichts mehr im Wege. Habe einfach Mut und wage den ersten Schritt. Dich erwartet eine faszinierende Entdeckungsreise zu dir selbst mit unglaublich lohnenden Konsequenzen für dein gesamtes Leben.

ÜBER DEN AUTOR

Schirm des Glücks

Glücksprinzip - Unterbewusstsein programmieren

Glücksprinzip - Negative Gedanken loswerden

Glücksprinzip - Das großartige 2-in-1 Buch: Positives Denken lernen + Vergangenheit loslassen

Glücksprinzip - Positives Denken lernen

Glücksprinzip - Das großartige 2-in-1 Buch: Negative Gedanken loswerden + Unterbewusstsein programmieren

Glücksprinzip - Vergangenheit loslassen

Weitere Informationen

Homepage:
www.johannes-freitag.de

Facebook:
www.facebook.com/groups/positivdenkengluecklichleben

Amazon Autorenseite inklusive aller Bücher:
www.amazon.de/Johannes-Freitag/e/B08YMR6F3Y

Bei Fragen, Lob, Anregungen oder Verbesserungsvorschlägen
gerne unter folgender E-Mail-Adresse melden:
kontakt@johannes-freitag.de

DEIN KOSTENLOSES DANKBARKEITSTAGEBUCH

„NICHT DIE GLÜCKLICHEN SIND DANKBAR. ES SIND DIE DANKBAREN, DIE GLÜCKLICH SIND!"

Francis Bacon

Nur ein paar Minuten täglich, für ein glücklicheres und erfolgreicheres Leben. Lade dir hier (als Gratis Bonus, exklusiv für Leser von Johannes Freitag's Büchern) dein KOSTENLOSES Dankbarkeitstagebuch herunter:

www.johannes-freitag.de/dankbarkeitstagebuch

Öffne ganz einfach deine Handkamera-App und richte den Fokus auf den QR code

JOHANNES FREITAG

LITERATURVERZEICHNIS

BÜCHER

Peter Bartning (2015): *Auf dem Weg mit dem Inneren Kind. Leben im Einklang mit sich selbst.* Herder-Verlag

Susanne Hühn (2013): *Die Heilung des inneren Kindes.* Schirner Verlag, Darmstadt

Jochen Peichl (2007): *Innere Kinder, Täter, Helfer & Co. Ego-State-Therapie des traumatisierten Selbst.* Klett-Cotta

Erika J. Chopich, Margaret Paul (2005): *Arbeitsbuch: Aussöhnung mit dem Inneren Kind*

John Bradshaw (1994): *Das Kind in uns. Wie finde ich zu mir selbst.* MensSana

Stefanie Stahl (2015): *Das Kind in dir muss Heimat finden: Der Schlüssel zur Lösung (fast) aller Probleme.* Kailash

B. Steiner, K. Krippner: *Psychotraumatherapie. Tiefenpsychologisch-imaginative Behandlung von traumatisierten Patienten.* Kapitel 5 *Psychotraumabehandlung mit der Katathym Imagina-*

tiven Psychotherapie (5.3.3. Phase der imaginativen Auseinandersetzung mit dem Geschehen. PDF; 200 kB)

WEBSEITEN

https://hellobetter.de/blog/inneres-kind/

https://www.selfapy.com/magazin/angst-und-panik/das-innere-kind

https://www.sinnsucher.de/blog/inneres-kind-heilen-5-schritte-wie-du-mit-dir-frieden-schliessen-kannst

https://honigperlen.at/2021/09/wie-du-dein-inneres-kind-findest-3-heilsame-wege/

https://www.einfachganzleben.de/meditation-achtsamkeit/selbsttest-inneres-schattenkind

LitLounge.TV: https://www.youtube.com/watch?v=EGckpW_t-k1w (Interview mit Stefanie Stahl)

Dr. med. Mareike Awe: https://www.youtube.com/watch?v=ti-x54Kc1AW8 (Interview mit Stefanie Stahl)

Impressum:

Herausgeber:

Orange Orchard LLC

30 N Gould St Ste R

Sheridan, WY 82801

USA

1. Auflage

Das Werk, einschließlich seiner einzelnen Teile, ist urheberrechtlich geschützt. Jegliche Verwertung ist ohne Zustimmung des Rechteinhabers unzulässig. Dies gilt insbesondere für die elektronische oder sonstige Vervielfältigung, Übersetzung, Verbreitung und öffentliche Zugänglichmachung.

Rechtlicher Hinweis:

Wir weisen darauf hin, dass wir keinerlei Therapieberatung erbringen. Die geschilderten Methoden und Schilderungen wurden teilweise zur besseren Verständlichkeit und Veranschaulichung vereinfacht dargestellt. Alle von uns erteilten Ratschläge fußen ausschließlich auf persönlicher Erfahrung und Meinung. Auch, wenn wir jede Empfehlung mit größtmöglicher Sorgfalt und umfangreicher Recherche entwickelt und fortlaufend kritisch hinterfragt haben, können wir hierfür keinerlei Gewähr bieten. Gleiches gilt auch für die Vollständigkeit und Richtigkeit der dargestellten Inhalte. Die erteilten Ratschläge können ferner auch keine fundierte und auf den individuellen Einzelfall zugeschnittene Beratung ersetzen. Wir können daher weder eine Erfolgsgarantie, noch eine Haftung für eventuelle Folgen ihrer Anwendung übernehmen.

www.ingramcontent.com/pod-product-compliance
Lightning Source LLC
Chambersburg PA
CBHW031417120626
46545CB00006B/2158